Et si j'apprenais
la Photo
numérique

Éditions
Place des Victoires

ÉDITEUR
Jordi Vigué

COORDINATION ÉDITORIALE
Miquel Ridola

CHEF DE RÉDACTION
Sylvette Artaud

RÉDACTION DES TEXTES ET PHOTOGRAPHIES
Santiago Garcés

GRAPHISME
Paloma Nestares

MAQUETTE
María Hernández

TRAITEMENT INFORMATIQUE DES IMAGES
Marta Ribon, Albert Muñoz

ARCHIVES PHOTOGRAPHIQUES
Gorg Blanc

TITRE ORIGINAL
Fotografía digital

ADAPTATION FRANÇAISE
David Rousseau

© 2003, Gorg Blanc, s. l.

© 2004, Éditions Place des Victoires,
6, rue du Mail - 75002 Paris
pour l'édition en langue française

ISBN : 2-84459-071-3
Dépôt légal : avril 2004

Imprimé en France par CLERC S.A - 18200 Saint-Amand-Montrond

Tout au long de son histoire, l'homme a ressenti le besoin de se manifester et de communiquer. Il a pour cela employé tous les moyens d'expression et de communication technologiques qu'il a pu trouver, qu'il s'agisse du langage, de la peinture, de la sculpture, de l'écriture ou de la photographie.

De tous ces moyens d'expression, le plus récent demeure la photographie. Depuis son apparition, elle est devenue un élément essentiel de l'expression artistique, de la documentation et de l'échange d'informations grâce à sa capacité à figer d'un simple « clic » une parcelle de temps et d'espace.

Au fil du temps, la photographie a pris une grande valeur au point d'être un élément indispensable de communication et d'expression artistique, cela en grande partie grâce à son extraordinaire évolution. Si l'on s'attarde sur les avancées et les difficultés qui ont jalonné l'histoire d'autres moyens d'expression pour les comparer ensuite à la trajectoire de la photographie, on s'aperçoit que, en près de deux siècles, cette dernière a pu compléter, et dans bien des cas supplanter, des moyens de communication millénaires comme la parole, l'écriture ou la peinture.

Le monde est aujourd'hui entré dans la phase la plus rapide de son évolution en matière de communication audiovisuelle grâce à la conjonction de plusieurs facteurs technologiques qui, jour après jour, nous surprennent en franchissant des limites inespérées.

Toute cette révolution est possible grâce à l'informatisation ou à la numérisation de pratiquement tout ce qui nous entoure.

C'est cette numérisation mondiale et rapide qui permet de regarder la télévision, de naviguer sur Internet ou, tout simplement, de se promener virtuellement dans une rue. La photographie ne pouvait échapper à ce progrès.

Si l'on songe que l'on trouve déjà sur le marché des téléphones mobiles capables d'envoyer des photos, et que le destinataire peut les visionner quelques secondes après qu'elles ont été prises, et ce quel que soit l'endroit où il se trouve, à quelques mètres ou à l'autre bout du monde, on s'aperçoit finalement que la révolution de la photographie numérique est un phénomène qui n'en est qu'à ses premiers balbutiements...

SOMMAIRE

4

5

LA PHOTOGRAPHIE NUMÉRIQUE : NOTIONS DE BASE

Qu'est-ce qu'une photo numérique ?

La photographie numérique n'est ni plus ni moins qu'une branche de l'évolution de la photographie, dans laquelle le changement essentiel est que l'image ne se capture plus grâce à un support photosensible d'origine chimique, la pellicule, mais à l'aide d'un capteur photosensible dénommé CCD (*Charge-Coupled Device* ou capteur à transfert de charge) qui transforme la lumière en information numérique.

▲ Pellicule argentique.

▲ CCD *(Charge-Coupled Device)*.

6

Niveaux de gris.

Le CCD, rectangulaire et plat, est une puce composée de millions de petits carrés dénommés pixels dont la fonction est l'enregistrement de la lumière. Ces pixels sont eux-mêmes situés sous un filtre qui peut être rouge, vert ou bleu

◀ CCD sans filtre RVB.

— on appelle ainsi RVB la gamme offerte par ces trois couleurs primaires, qui permet au pixel de passer des niveaux de gris à la couleur. Ces filtres sont nécessaires car les pixels sont incapables de percevoir la couleur : ils ne peuvent qu'acquérir l'intensité de la lumière en niveaux de gris allant du blanc au noir en passant par 256 nuances différentes.

Ainsi, dans le cas d'une photo très lumineuse, les pixels ne disposant pas de ce filtre donneraient un résultat à dominante blanche. À l'inverse, une scène peu éclairée se traduirait par une photo à dominante gris foncé et noir.

C'est pour cela que chaque pixel nécessite de se voir superposer des filtres de couleurs différentes — rouge, vert ou bleu — afin de pouvoir acquérir la teinte du filtre assigné et non plus seulement des nuances de noir et blanc.

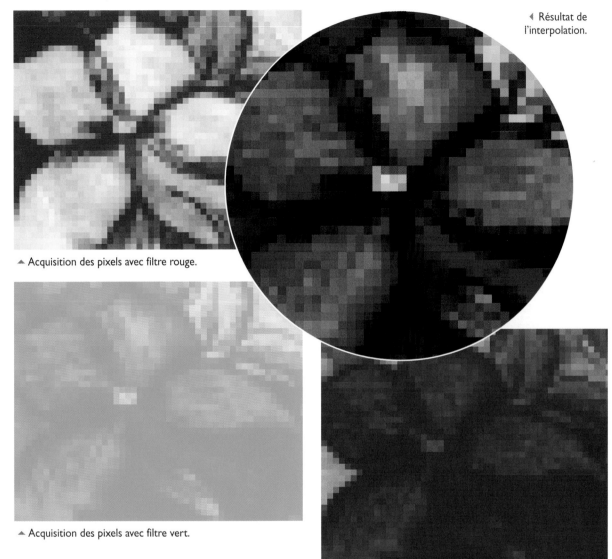

◀ Résultat de l'interpolation.

▲ Acquisition des pixels avec filtre rouge.

▲ Acquisition des pixels avec filtre vert.

▶ Acquisition des pixels avec filtre bleu.

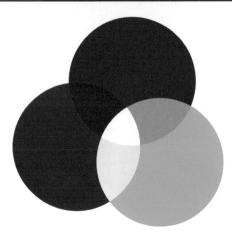

Une fois que chaque pixel a détecté sa couleur, un processus dit « d'interpolation » des couleurs de chacun d'eux débute dans l'appareil pour permettre aux photos de capter toute la gamme des couleurs, afin de ne pas avoir pour résultat final une image uniquement composée de rouges, de verts et de bleus.
Ce processus fonctionne avec un système de moyenne des couleurs au voisinage des pixels, c'est-à-dire que chaque pixel enregistre la gamme de couleurs en se basant sur celle des pixels qui l'entourent.

◄ Élément photographié.

Lorsque l'appareil termine ce processus d'interpolation, pour pouvoir visualiser la photographie, il assigne une série de valeurs numériques à l'image, traduites soit par l'écran de l'appareil, soit par un ordinateur ou une imprimante.

▲ Visualisation sur l'écran de l'appareil.

▲ Visualisation sur l'ordinateur.

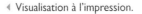

◄ Visualisation à l'impression.

Différences entre photographie numérique et photographie argentique

La photographie numérique doit en grande partie son succès au fait de pouvoir visionner la photo quelques secondes seulement après qu'elle a été prise, grâce à un écran disposé sur l'appareil. La photographie traditionnelle a en revanche perdu de sa popularité auprès du grand public en raison du long chemin que doit parcourir l'image.

Avec un appareil traditionnel, il faut en effet retirer le film, puis le faire développer, et enfin récupérer les photos : c'est seulement à ce moment-là que l'on sait si elles sont réussies ou non.

D'autres facteurs essentiels expliquent l'importante augmentation des ventes et le succès des appareils numériques.

Chaque jour, le numérique attire un nombre croissant d'anciens adeptes de l'argentique qui se décident à changer de format.

S'il est vrai que les appareils numériques sont souvent plus chers, il est tout aussi vrai qu'une fois la dépense effectuée, il n'est plus nécessaire d'acheter de pellicule ni de payer de développement pour des photos ratées.

10

▲ La possibilité de visionner la photo immédiatement évite les erreurs.

◄ Si vous devez attendre que la photo soit développée et imprimée, vous n'êtes pas à l'abri d'un certain nombre de surprises…

| Supprimer | Répondre | Répondre à tous | Faire suivre | en pièce jointe ⬍ | | Déplacer dans… ⬍ | OK |

Ce message n'a pas de drapeau. [Ajouter un drapeau - Marquer comme non lu]
Date: Tue, 28 Oct 2003 21:36:07 +0100 (CET)
De: "hallot caroline" <caroline_hallot@yahoo.fr> | Ce mail n'est pas un spam
Objet: REGARDE MA PHOTO !!
À: caroline_hallot@yahoo.fr

Do You Yahoo!? -- Une adresse @yahoo.fr gratuite et en français !
Yahoo! Mail : http://fr.mail.yahoo.com

Pièce jointe

Contrôle Anti-Virus et téléchargement

019.jpg
Fichier .jpg, 530x456, 154k

| Supprimer | Répondre | Répondre à tous | Faire suivre | en pièce jointe ⬍ | | Déplacer dans… ⬍ | OK |

◄ Il est désormais aisé d'envoyer des photos par courrier électronique.

Aujourd'hui, l'accès à un ordinateur personnel, tout comme l'accès à Internet, est possible n'importe où dans le monde ; les photos numériques deviennent ainsi peu à peu l'un des types de fichiers les plus utilisés, que ce soit à des fins publicitaires ou tout simplement pour montrer et partager des souvenirs.

Malgré l'évolution des pellicules, les photos argentiques, si elles se conservent désormais plus longtemps, ont toujours tendance à perdre en qualité. C'est inévitable : de par leur nature chimique, les couleurs du film et des papiers s'estompent avec le temps.

▲ Au fil des années, les photos argentiques se détériorent.

▼ En revanche, en raison de leur origine, les photos numériques conservent leurs propriétés.

À l'inverse, la photo numérique ne perd pas en qualité puisque l'original est archivé dans une mémoire numérique qui ne s'altère ni avec le temps, ni selon les conditions climatiques. Il est ainsi possible de faire des copies imprimées à partir d'un fichier numérique et de continuer à partager ses photos par des moyens électroniques pendant de nombreuses années, sans aucune perte de qualité.

11

Vous désirez envoyer une photo argentique à un ami qui vit à l'étranger. Deux options s'offrent à vous :

• La première consiste à faire développer une copie au laboratoire, puis à l'envoyer par la poste et enfin… à attendre qu'elle arrive.

• La seconde, à avoir un scanner chez soi ou à faire numériser l'image dans un laboratoire pour pouvoir ensuite l'envoyer par courrier électronique.

Pourquoi passer par toutes ces étapes alors qu'aujourd'hui, avec la photographie numérique, il suffit simplement de prendre une photo, de la télécharger sur son ordinateur et de l'envoyer par courrier électronique ?

▼ Avec la photographie numérique, tous les effets sont possibles.

Enfin, à titre plus personnel, l'un des grands avantages du numérique est qu'il laisse libre cours à l'imagination et à la créativité en permettant de prendre les photos les plus originales, et dans toutes les situations. Il est ensuite possible de les améliorer sans avoir à s'inquiéter de gâcher de la pellicule (et donc de l'argent). Si la photo ne vous plaît pas, il vous suffit de l'effacer et d'en prendre une autre.

Pour conclure, même si l'on s'obstine à utiliser la photographie argentique pour de nombreuses raisons, il paraît malgré tout logique d'utiliser le numérique et d'alterner les deux techniques, comme le font aujourd'hui la plupart des professionnels.

▶ La photographie numérique et la photographie argentique sont très complémentaires.

Termes de base

En photographie numérique, il est indispensable de connaître certains termes pour aborder cette activité l'esprit tranquille. Voici ceux que l'on rencontre le plus souvent, et qu'il est primordial de bien comprendre :

Bruit
Pixel de l'image numérique n'ayant pas correctement rendu la lumière.

Bruit

Carte PC (PC Card) (ou carte PCMCIA) Adaptateur permettant d'insérer la carte mémoire dans un ordinateur portable.

Carte PC

CCD (*Charge-Coupled Device*)
Puce photosensible traduisant les rayons lumineux en information numérique traitée ensuite par l'appareil pour obtenir l'image.

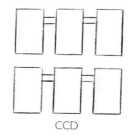
CCD

CMJN
(cyan, magenta, jaune et noir) Gamme de couleur généralement employée pour l'impression en couleurs.

CMJN

CMOS (*Complementary Metal Oxyde Semiconductor*)
Puce photosensible de plus en plus utilisée dans les appareils les plus performants ; elle est néanmoins moins courante que le CCD.

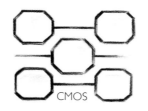
CMOS

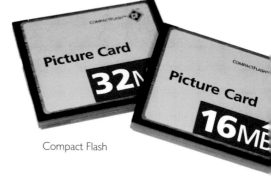
Compact Flash

Compression

18 MB — Sans compression → 313 KB — compressée

Compact Flash
L'une des cartes mémoires les plus courantes sur le marché.

Compression
Action permettant de réduire la taille de l'image sans en modifier la résolution.

Copie
Voir « Téléchargement ».

13

I.Link

Mégaoctet (Mo). Unité de mémoire correspondant à 1 024 kilooctets. Ne pas confondre avec mégabit (Mb) : il y a 8 bits dans un octet.

Firewire

I.Link
Terme employé par la marque Sony pour faire référence au port IEEE 1394.

JPEG
(Joint Photographic Experts Group) L'algorithme de compression le plus employé par les appareils photo numériques.

foto.jpg

Firewire
(IEEE 1394) Port de connexion des ordinateurs Apple permettant de transférer de grandes quantités d'informations en peu de temps.

foto.gif

GIF
Fichier d'image généralement employé pour les graphismes sur Internet, mais déconseillé pour la photographie car il ne peut afficher que 256 couleurs.

Kilooctet
(Ko) Unité de mesure d'information équivalant à 1 024 octets.

LCD (*Liquid Cristal Display* ou écran à cristaux liquides). Écran dont disposent les appareils numériques et grâce auquel les images peuvent être visualisées.

Gigaoctet
(Go) Unité de mémoire d'un milliard d'octets, ou 1 024 mégaoctets.

Infos sur 032757
▼ Général :
032757
Type : Adobe Photoshop TIFF file
Taille : 22,7 Mo sur le disque (23.882.205 octets)
Accès : DISCO DURO :000-MARIA :cooking guides :fotos VEGETARIANA :
Créé le : miér., 3 sept 2003 16:27
Modifié le : miér., 3 sept 2003 16:28
☐ Modèle
☐ Verrouillé
▶ Nom et extension :
▶ Ouvrir avec :
▶ Aperçu :
▶ Possesseur et autorisations :
▶ Commentaires :

Mégapixel
Capacité, en millions de pixels, du capteur d'image ou CCD. Plus un appareil photo affiche de mégapixels, meilleure sera la qualité de l'image.

5.0 MEGA PIXELS

Mégapixel

Infos sur 000-MARIA
▼ Général :
000-MARIA
Type : Dossier
Taille : 8,75 Go sur le disque (9.391.722.781 octets)
Accès : DISCO DURO :
Créé le : miér., 9 juli 2003 15:27
Modifié le : mart., 16 dici 2003 16:02
☐ Verrouillé
▶ Nom et extension :
▶ Index du contenu :
▶ Aperçu :
▶ Possesseur et autorisations :
▶ Commentaires :

Li-ion (Batteries Lithium-ion). Batteries offrant jusqu'au double de l'autonomie des batteries NiMH de même taille. Elles sont cependant chères et exigent un chargeur spécifique (il n'existe pas encore de batteries AA Li-ion).

Li-ion

14

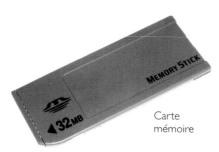

Carte
mémoire

Memory Stick
Carte mémoire de la marque Sony.

MPEG *(Motion Picture Expert Group)*
Format compressé de vidéo
numérique.

MPEG

NiCad *(Nickel Cadmium)*.
Certainement la batterie rechargeable
la plus courante et la plus robuste (elle
peut se recharger jusqu'à 700 fois).
Son principal inconvénient est qu'elle
doit être complètement déchargée
avant de pouvoir être rechargée ; il est
donc préférable de ne l'utiliser que
comme batterie de secours.

NiCad

NiMH *(Nickel Metal Hybride)*
Batterie hybride de nickel et de métal.
En offrant 40 % d'autonomie de plus
que les batteries NiCad, c'est le type
de batteries le plus employé par les
utilisateurs d'appareils numériques.
Il est possible de les recharger à tout
moment, sans attendre qu'elles soient
complètement déchargées, même si
elles ne perdent que 5 % de charge
par jour.

NTSC
Format vidéo américain.

Octet
Plus petite unité de mémoire.

PAL
Format vidéo européen.

Pièce jointe
Fichier numérique
(photographie,
vidéo, texte…) envoyé par courrier
électronique avec le message.

NiMH

Pixel
Désigne chaque élément
photosensible du CCD, ou chacun des
points qui composent l'image
apparaissant sur l'écran.

RAW
Format de fichier d'image sans
compression et non traité.

RAW

15

Pixel

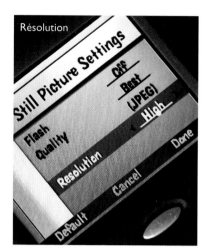

Téléchargement (ou copie)

Résolution
Mesure basée sur la quantité de pixels composant une image. Plus le nombre de pixels est élevé, meilleure est la résolution.

USB

RVB (rouge, vert et bleu) Système employé dans la majorité des appareils numériques où ces trois couleurs primaires se combinent pour créer une image en couleurs.

USB
(Universal Serial Bus) Port de connexion très rapide.

XD-Picture Card
La plus petite des cartes mémoires, généralement employée avec les appareils de marque Olympus.

Smartmedia
Type courant de carte mémoire.

Téléchargement (ou copie)
Action de transférer un fichier numérique d'une source externe vers un ordinateur.

TIFF *(Tagged Image File Format)* Format de fichier d'image sans compression le plus répandu.

Smartmedia

XD-Picture Card

Principaux éléments de l'appareil numérique

En raison des formidables avancées de la technologie, il est probable que n'importe quel appareil présenté dans ces pages devienne obsolète d'ici peu. Cependant, tous les appareils numériques fonctionnent globalement de la même manière et se composent des mêmes éléments. Pour une utilisation optimale de l'appareil, il est également nécessaire de comprendre la raison d'être de chaque élément.

L'appareil Nikon Coolpix5000, compact et assez complet, servira ici d'exemple.
Ses éléments seront énumérés dans deux parties générales : la première abordera en détail les éléments de base, sans lesquels un appareil numérique ne pourrait fonctionner ; quant à la seconde, elle traitera des éléments plus spécifiques, dont sont également dotés d'autres appareils présents sur le marché.

17

La meilleure façon de connaître les différentes parties d'un appareil photo numérique est de lire attentivement le manuel d'utilisation.

Cellule
photosensible

Commande
Fonctions

Molette
de commande

Griffe
porte-flash

Flash
intégré

Microphone

Moniteur

Viseur

Commutateur
principal

Commande
de mémorisation AE/AF

Objectif

Témoin
du retardateur

Déclencheur

18

Éléments de base

Cellule photosensible. Sa fonction est de percevoir la moyenne de lumière ambiante pour une exposition correcte de la photo.

Commutateur principal. Interrupteur permettant de mettre en marche ou d'arrêter l'appareil.

Couvercle du logement des piles. Il recouvre l'emplacement destiné aux piles.

Déclencheur. Bouton à actionner pour prendre la photo. Généralement, il sert aussi à faire la mise au point.

Flash intégré. Selon l'appareil, le flash propose plus ou moins de fonctions programmées à employer dans différentes situations.

Logement de la carte Compact Flash (dans ce cas). Contient la carte mémoire.

Moniteur. Écran ou système d'affichage permettant la visualisation des images et des menus de l'appareil.

Objectif. Lentille optique grâce à laquelle l'appareil fait parvenir la lumière jusqu'au CCD.

Port de connection USB (dans ce cas). Entrée de l'appareil où l'on branche le câble permettant le transfert de données de l'appareil à l'ordinateur.

Port d'entrée secteur (dans ce cas). Sert à brancher l'appareil directement sur secteur pour ne pas user les batteries. Sur certains modèles, il permet aussi de recharger les batteries internes lorsqu'elles ne peuvent être extraites.

Viseur. Cette fenêtre permet de cadrer avant de prendre la photo. Généralement, les appareils numériques en disposent ; à défaut, on utilise l'écran de contrôle.

Autres particularités

Commande AF/MF/corbeille. Permet de déterminer le type de mise au point et, en mode de reproduction, de supprimer les images.

Commande de mémorisation AE/AF *(Auto Exposure/Auto Focus)*. Sa fonction est de bloquer la mise au point ou l'exposition de l'appareil.

Commande de taille. Sert à contrôler la qualité et les dimensions de l'image.

Commande du menu. Pour faire apparaître le menu à l'écran.

Commande du moniteur. Utilisée pour allumer ou éteindre l'écran et contrôler les indicateurs qui y apparaissent.

Commande du zoom. Permet de rapprocher ou d'éloigner l'objectif du sujet photographié. Seuls les appareils dotés d'objectifs à zoom disposent de cette fonction.

Commande Flash/ISO. Sert à changer le mode du flash et, combinée avec la molette de commande, à déterminer la valeur de la sensibilité.

Commande Fonctions. Permet d'alterner, avec la molette de commande, les différentes fonctions de l'appareil sans avoir à accéder au menu par le biais de l'écran.

Commande Mode. Permet de sélectionner le mode d'exposition avec la molette de commande.

Commande +/–. Utilisée avec la molette de commande pour compenser les valeurs de l'exposition (que ce soit pour une surexposition ou une sous-exposition). Voir la définition de l'IL page 35.

Commande *Quick Play*. Elle permet de visualiser très rapidement les photos en mémoire avant de prendre la photo suivante.

Curseur de réglage dioptrique. Curseur ajustant les dioptries selon les besoins de l'utilisateur.

Écran de contrôle. Petit écran sur lequel on peut lire les menus de l'appareil sans avoir à utiliser le moniteur, ce qui permet d'économiser les batteries. N'est pas proposé sur tous les modèles.

Filetage pour fixation sur pied. Permet l'utilisation d'un pied.

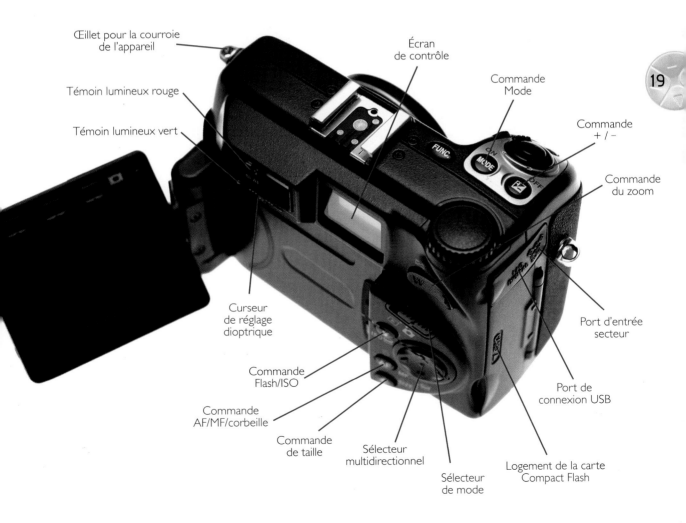

Œillet pour la courroie de l'appareil

Témoin lumineux rouge

Témoin lumineux vert

Écran de contrôle

Commande Mode

Commande + / –

Commande du zoom

Curseur de réglage dioptrique

Commande Flash/ISO

Commande AF/MF/corbeille

Commande de taille

Sélecteur multidirectionnel

Sélecteur de mode

Logement de la carte Compact Flash

Port de connexion USB

Port d'entrée secteur

19

Haut-parleur

Sortie audio/vidéo
(A/V)

Couvercle
du logement
des piles

Commande
Quick Play

Commande
du moniteur

Commande
du menu

Filetage
pour fixation
sur pied

Griffe porte-flash. Point de connexion d'un flash externe ou d'un autre complément de l'appareil.

Haut-parleur. Sert à reproduire le son des vidéos ou des fichiers audio enregistrés par l'appareil.

Microphone. Sert à enregistrer le son des vidéos ou des fichiers audio lorsque l'appareil le permet.

Molette de commande. C'est une commande multifonctions servant, entre autres, à sélectionner les menus de l'appareil, à rechercher des informations sur les images qui y sont enregistrées ou

à le paramétrer. Sur certains modèles, les fonctions peuvent être modifiées.

Œillet pour la courroie de l'appareil. Boucle où vient se fixer la courroie permettant d'accrocher l'appareil.

Sélecteur de mode. Sert à mettre l'appareil en mode photographie ou pour visualiser l'image sur l'écran de contrôle.

Sélecteur multidirectionnel. Est employé pour naviguer dans les menus de l'appareil pour passer de la photo au mode de reproduction et sélectionner les images.

Sortie audio/vidéo (A/V). Permet de connecter les câbles de sortie audio et vidéo de l'appareil à un téléviseur.

Témoin du retardateur. Voyant qui clignote pour indiquer le compte à rebours avant le déclenchement automatique.

Témoin lumineux rouge (disponibilité du flash). Voyant indiquant que le flash est chargé et prêt à être déclenché.

Témoin lumineux vert (autofocus). Voyant servant à indiquer que l'appareil a effectué la mise au point.

LES DIFFÉRENTS TYPES DE FICHIERS ET LEUR UTILISATION

Cette partie présente tous les facteurs intervenant dans la configuration d'un fichier numérique ainsi que les formats de fichiers le plus communément utilisés. Il est important de bien comprendre ces aspects afin de tirer le meilleur parti de votre appareil photo, de votre carte mémoire et de vos photos.
Toutes les photos numériques ne se valent pas : certaines d'entre elles sont de meilleure qualité ou de plus grandes dimensions que d'autres. Elles ne peuvent donc pas toutes être utilisées dans un même but.
Les deux éléments à garder constamment à l'esprit sont la qualité et la résolution des images.

◀ Format A4.

Une photographie de grande qualité (donc peu compressée) et de grande taille (ou résolution) pourra être imprimée à un plus grand format.

▼ Format 12 x 8 cm.

Les deux facteurs dont vous devez tenir compte à chaque moment sont la qualité et la résolution des images.

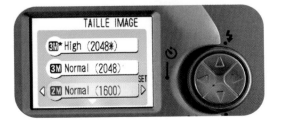

L'appareil numérique vous permet de choisir le niveau de qualité de vos photos. Ce choix dépend de l'usage auquel vous les destinez : pour une impression, par exemple, il est préférable de choisir la grande qualité offerte en 2 048 x 1 536 pixels, mais si vous souhaitez les envoyer par courrier électronique, il vaudra mieux vous tourner vers une taille de 1 600 x 1 200 pixels, qui offre une qualité suffisante.

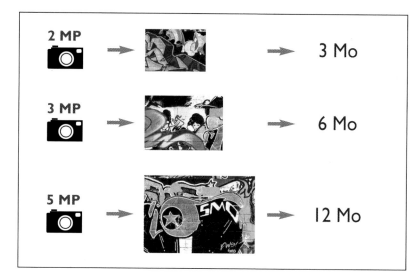

Ce tableau montre le lien existant entre la quantité de pixels contenue dans une image et la taille et le poids de celle-ci.

◀ La taille ou la résolution des images numériques est déterminée par le capteur de l'image, composée de pixels. Plus le nombre de pixels est grand, plus la taille ou la résolution de l'image est élevée ; plus le fichier est lourd, plus l'espace qu'il occupera sur la carte mémoire est important.

La qualité de l'image est déterminée par le type de compression choisi. La plupart du temps, les appareils en proposent différents niveaux, le plus souvent répartis en très haute, haute, normale, moyenne et faible compression.

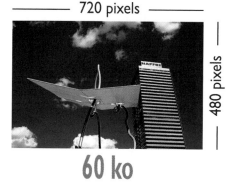

720 pixels

480 pixels

60 ko

Il est donc possible d'avoir des images de même taille mais de qualité ou de niveaux de compression différents. Dans ce cas, leur poids variera lui aussi.

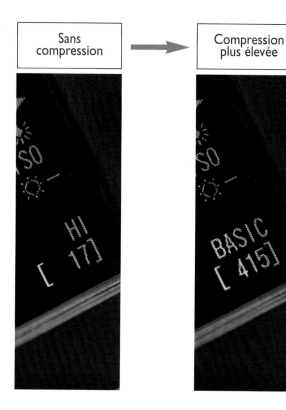

| Sans compression | → | Compression plus élevée |

720 pixels

480 pixels

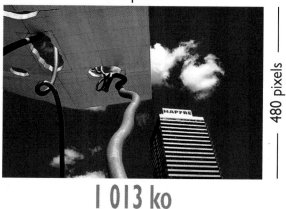

1 013 ko

La raison d'être de ces niveaux de compression est simple : sans eux, il n'y aurait jamais assez de mémoire sur les cartes et les images seraient trop lourdes pour pouvoir être utilisées sur Internet ou même sur votre ordinateur.

Pour présenter les choses différemment, plus la compression est élevée, plus vous pouvez stocker de photos sur la carte mémoire et plus celles-ci sont faciles à utiliser.

Le gros inconvénient de cette compression est la perte d'informations qu'elle implique, qui se répercute sur les couleurs ou les détails de l'image. Il est donc important de réfléchir à l'usage que vous voudrez faire de la photo avant de la prendre.

Sans
compression

Avec
compression

23

▲ Notez la très bonne qualité de cette photo, imprimée
à partir d'un fichier non compressé.

▲ Celle-ci, imprimée à partir d'un fichier compressé, est
de moins bonne qualité.

Si les photos ne sont destinées qu'à un envoi par courrier électronique, une compression importante ou moyenne devrait suffire.

En revanche, si vous souhaitez plutôt les imprimer, mieux vaut choisir une photo sans compression ou peu compressée pour avoir une qualité satisfaisante.

Différents types de fichiers d'images sont aujourd'hui utilisés avec les appareils numériques, avec ou sans compression. Voici les plus courants :

JPEG. Format de compression très courant.

TIFF. Format assez courant, qui n'offre pas de compression : l'image ne perd donc pas en qualité.

RAW. Ce format sans compression, qui n'est pas intégralement traité par l'appareil, doit être finalisé sur ordinateur. Son gros avantage est d'offrir des fichiers presque 60 % plus légers que le format TIFF.

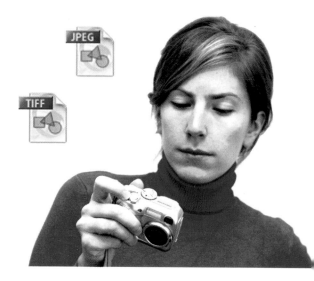

24

OUI

NON

Il est recommandé de ne pas compresser l'image à moins que cela ne soit vraiment nécessaire. Une image de grande taille peut être réduite sans perte de qualité ; à l'inverse, une image de petite taille perdra forcément en qualité si elle est agrandie.

Cette réduction et cette augmentation de la taille de la photo peuvent être réglées directement sur certains appareils, mais elles sont le plus souvent réalisées par le biais d'un programme de retouche photographique.

Voici quelques exemples illustrant le type de résolution nécessaire pour des impressions de bonne qualité.
Si vous voulez envoyer vos photos *via* Internet, n'oubliez pas que, plus elles sont légères, plus il est facile de les transmettre. Par exemple, une résolution proche de 640 × 480 pixels et compressée au maximum peut très bien être envoyée par courrier électronique ou illustrer un document écrit de type Word.

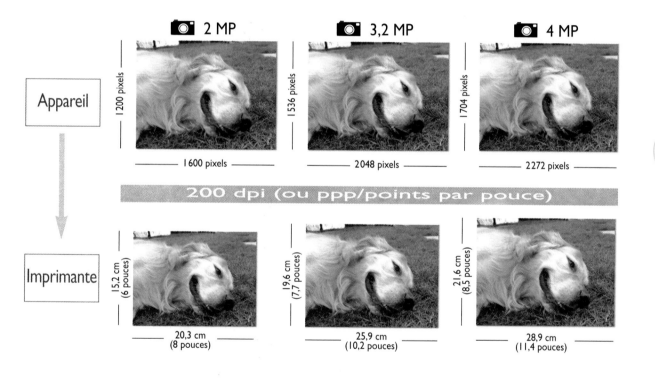

Certains appareils proposent même, parmi leurs tailles de fichiers, le mode « courrier électronique », qui ajuste le fichier à une résolution d'environ 640 × 480 pixels.

LES DIFFÉRENTS TYPES D'APPAREILS NUMÉRIQUES

Il est bien connu qu'il existe un grand nombre de fabricants de matériel photographique. C'est la raison pour laquelle on trouve une variété aussi importante d'appareils sur le marché. Nous vous présentons ici les différents types d'appareils numériques, leurs caractéristiques les plus notables et quelques recommandations à suivre au moment de l'achat.

Compacts

Commençons avec les **appareils compacts**, dont l'aspect rappelle les compacts traditionnels. De petite taille, leur objectif est généralement fixe ou doté d'un zoom peu puissant, avec une résolution pouvant atteindre 5 mégapixels, ce qui permet de faire des impressions du format carte postale (10 x 15 cm) au format A4. Leur principale qualité réside dans leur grande facilité de transport, qui s'ajoute à leur fiabilité et à leur prix accessible.

Semi-professionnels

Viennent ensuite les **semi-professionnels,** dont la gamme se distingue des appareils compacts par quelques aspects. La différence principale se situe au niveau de l'apparence : ils sont un peu plus grands, fabriqués avec des matières plus résistantes. On les dénomme semi-professionnels en raison de leur résolution, qui dépasse les 5 mégapixels et permet donc des agrandissements au-delà du format A4.

Leurs fonctions, bien plus nombreuses que sur les appareils compacts, permettent souvent plus de réglages manuels. Ces modèles sont parfaits pour les photographes qui aiment garder le contrôle de leur appareil. Certains peuvent être dotés d'accessoires externes, comme un flash ou des compléments optiques. Il faut aussi souligner la résolution de ces appareils, quasi-professionnelle, et leur grande flexibilité, qui permet de les utiliser dans presque toutes les situations. Leur prix peut, dans certains cas, dépasser le double de celui d'un appareil compact.

Professionnels

S'ils bénéficient de résolutions pouvant atteindre 11 mégapixels, les **appareils professionnels** sont également de type reflex ou SLR, c'est-à-dire que le sujet est vu directement à travers l'objectif, ce qui permet d'éviter toute erreur de cadrage. Ils sont généralement conçus selon le modèle des appareils professionnels argentiques pour pouvoir recevoir toute la gamme d'optique proposée par le fabricant et tous les accessoires disponibles.

Ces appareils peuvent être complètement manuels ou automatiques ; leur résolution permet des impressions atteignant presque le format A3. Leur prix est assez variable : on trouve en effet des modèles coûtant deux à huit fois plus cher qu'un appareil semi-professionnel.

À ces trois grands types d'appareils numériques vient s'ajouter une large gamme de produits capables de prendre des photos numériques, parmi lesquels des caméras vidéo, des téléphones mobiles, des montres, des assistants numériques personnels, etc. Mais la qualité des clichés ainsi obtenus n'a généralement rien de comparable à celle qu'offre un appareil numérique, leur résolution étant très basse.

En plus de l'appareil numérique, certains accessoires sont nécessaires pour pouvoir prendre des photos et faire fonctionner l'appareil : les cartes mémoires et les batteries. Les différents types de cartes mémoires sont à l'appareil numérique ce que la pellicule est à l'argentique. Sans elles, l'appareil photo ne peut stocker l'information et ne peut donc capturer aucune image.

Lorsque les premiers modèles d'appareils numériques sont apparus sur le marché, certains d'entre eux disposaient d'une sorte de disque dur qu'il était impossible d'extraire et qui devait être vidé une fois plein pour pouvoir être utilisé à nouveau. Aujourd'hui, la presque totalité des appareils possède un type de mémoire extractible (en général des cartes mémoires et un CD).

Les cartes aujourd'hui utilisées sont les suivantes :

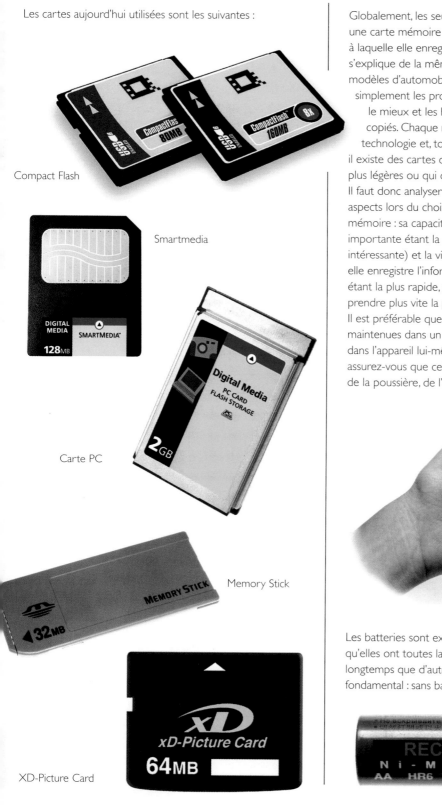

Compact Flash

Smartmedia

Carte PC

Memory Stick

XD-Picture Card

Globalement, les seules caractéristiques qui distinguent une carte mémoire d'une autre sont la taille et la vitesse à laquelle elle enregistre l'information. Cette diversité s'explique de la même façon que pour les différents modèles d'automobiles : les fabricants conçoivent tout simplement les produits qu'ils pensent vendre le mieux et les brevètent pour éviter qu'ils soient copiés. Chaque marque développe ainsi sa propre technologie et, tout comme pour les voitures, il existe des cartes qui enregistrent plus vite, d'autres plus légères ou qui offrent plus de mémoire. Il faut donc analyser en priorité deux aspects lors du choix d'une carte mémoire : sa capacité (la plus importante étant la plus intéressante) et la vitesse à laquelle elle enregistre l'information (la meilleure étant la plus rapide, puisqu'elle permet de prendre plus vite la photo suivante). Il est préférable que ces cartes soient toujours maintenues dans un boîtier de protection ou dans l'appareil lui-même. Si vous en possédez plusieurs, assurez-vous que celles non utilisées sont bien à l'abri de la poussière, de l'eau ou des températures extrêmes.

Vitesse

Capacité

29

Les batteries sont extrêmement importantes ; s'il est vrai qu'elles ont toutes la même utilité, certaines durent plus longtemps que d'autres. Il s'agit d'un élément fondamental : sans batterie, pas de photo !

En général, l'utilisation du moniteur et du flash
use beaucoup les batteries.

30

Les appareils photo numériques en utilisent différentes sortes, qui ne fonctionnent pas
toutes de la même manière et n'offrent pas la même autonomie :

Li-ion

(Lithium-ion). C'est la batterie qui offre la plus longue
autonomie. Elle est souvent chère, mais elle est
en général vendue avec l'appareil ;
on peut également la trouver
dans d'autres marques
que dans celle de l'appareil.
Cette batterie rechargeable
est le plus souvent utilisée
par les appareils destinés aux
professionnels. On peut aussi en
trouver qui sont non rechargeables,
de type standard comme les AA.

NiCad

(Nickel Cadmium). Elle est souvent remplacée par les NiMH
car elle se décharge rapidement. Ses avantages : elle peut se
recharger en très peu
de temps et son prix
est assez économique.

Alcaline

Ce sont les piles les plus courantes. On peut
les trouver presque partout, mais ce sont
aussi les moins adaptées à l'appareil
photo numérique en raison de leur
faible autonomie. Il existe bien
des piles alcalines
rechargeables, mais
elles passent plus
de temps en
charge qu'en
utilisation…

NiMH

(Nickel Metal Hybride). Cette
batterie standard est souvent
utilisée pour les appareils pouvant
recevoir des piles AA. Elle est
rechargeable et d'un prix
accessible.

Les menus de l'appareil

Les éléments de base d'un appareil numérique étant présentés, il est temps de se pencher sur les différentes options que peuvent offrir les menus de ces appareils. Chaque marque a ses particularités, mais toutes recherchent et développent un grand nombre de fonctions, d'actions ou de situations préprogrammées visant à faire de l'appareil un outil à la fois pratique et facile d'emploi.

▶ La molette de cet appareil propose des fonctions préprogrammées comme le portrait, le paysage ou le mouvement.

Il existe des milliers de modèles d'appareils numériques, aussi nous contenterons-nous de mentionner ici les fonctions qu'ils ont généralement en commun et qui se révèlent indispensables à l'usage.

Sensibilité.

À l'instar des pellicules, les appareils numériques ont plusieurs sensibilités (ou ISO) programmées pour photographier dans différentes conditions de luminosité. De la même manière que la pellicule, plus cette sensibilité est élevée, moins la quantité de lumière nécessaire à la prise de photographies devra être importante.

▲ Ici, la photo de la vitrine a été prise de nuit, avec beaucoup moins de lumière ; on a donc utilisé une sensibilité élevée.

▲ Cette photo d'une vitrine a été prise en pleine lumière du jour, avec une faible sensibilité.

Certains appareils numériques permettent de régler manuellement la sensibilité (ISO) ; les autres s'adaptent automatiquement par le biais de fonctions préprogrammées. Lors d'une journée ensoleillée et avec une grande intensité de lumière, on emploiera généralement une faible sensibilité (50 ou 100 ISO), tout comme lorsque la luminosité peut être contrôlée − et ce même de nuit, à condition de pouvoir utiliser un trépied.

◀ Commande permettant de modifier la sensibilité de l'appareil (ISO).

▲ Sur cette photo, la sensibilité de l'appareil a été fixée à 100 ISO et l'on a utilisé un trépied et un retardateur.

▲ Face à la lumière éclatante de cette journée, l'appareil a automatiquement réglé sa sensibilité sur une valeur faible.

En revanche, il faut employer une sensibilité élevée (400 ou 800 ISO) dans les situations de faible luminosité et sans trépied, ou lorsqu'il est nécessaire de fixer le mouvement, même lorsque la luminosité est bonne.

▶ Pour cette photo, l'appareil s'est automatiquement réglé sur une sensibilité élevée.

◀ Même si la lumière est éclatante, on a employé une sensibilité élevée pour pouvoir fixer le mouvement ; c'est pourquoi on voit bien les gouttes d'eau éclabousser le bras du nageur.

Le seul inconvénient de cette technique, c'est que plus la sensibilité est élevée et plus l'image affiche de « bruit » (ou de grain, dans le cas d'un film).

▼ Photo prise avec une faible sensibilité et un trépied.

▼ Photo prise dans les mêmes conditions que la précédente mais avec une sensibilité plus importante.

Le petit exercice suivant vous permettra de mieux comprendre ce menu. Si votre appareil permet un réglage manuel de la sensibilité, il vous est possible de tenter les expériences suivantes :

1. Réglez la sensibilité sur la valeur ISO la plus basse possible et prenez une photographie en plein midi (la photo sera nette).

2. Avec une sensibilité aussi faible que la précédente, prenez une photographie à la nuit tombante (la photo sera floue).

3. Avec la même luminosité que pour la photo 2 et avec la même sensibilité, fixez l'appareil sur un trépied et utilisez le retardateur (la photo sera nette).

4. Dans les mêmes conditions de luminosité que les deux photographies précédentes, utilisez une sensibilité élevée (400 ou 800 ISO) et prenez la photo sans trépied (elle sera nette, mais affichera du grain ou du bruit).

Voici d'autres exemples de photos, avec la sensibilité utilisée pour les prendre :

▷ On a ici utilisé une sensibilité de 50 ISO.

ASA ET ISO

Il existe deux termes se référant à la sensibilité en photographie. Le terme le plus répandu est ASA (American Standard Association). Le terme ISO (International Standard Association) a été créé pour remplacer et unifier les standards existants. On parle souvent d'une sensibilité de 100 ASA, alors que le terme correct est 100 ISO, même si les deux sont équivalents.

▶ Cette photo
a été prise depuis
un véhicule
en marche dans
lequel il était
impossible
d'utiliser un
trépied. Il a donc
fallu choisir
une sensibilité
de 800 ISO.

▲ Comme on peut le constater sur la partie
supérieure de la photo, la journée était
ensoleillée, mais la rue était étroite et les
rayons du soleil pas assez forts pour
permettre l'utilisation d'une sensibilité
de 100 ISO. Il a donc fallu employer
une sensibilité de 200 ISO.

▶ Sur cette photo, il a fallu utiliser une sensibilité
de 400 ISO pour fixer la course du cheval,
même si la journée était ensoleillée.

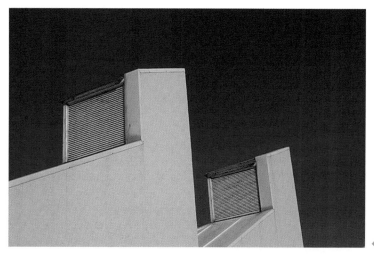

Balance des blancs

Cette fonction permet d'adapter l'appareil
à un type de lumière en particulier. Grâce à elle,
la lumière jaune des intérieurs peut ne pas
être convertie en lumière du jour (blanche)
et inversement. Nous reviendrons sur ce sujet
page 41 et suivantes (types de lumière).

◀ Lumière du jour.

◀ Lumière de néon.

▲ Lumière chaude ou tungstène.

Compensation d'exposition

Bien souvent, les photos sont trop claires ou trop sombres. Cela est dû au fait que l'appareil ne peut pas toujours bien mesurer la lumière du sujet, surtout lorsqu'il est à contre-jour ou lorsque les images sont très contrastées.

◀ ▲ Ces deux photos ont été prises avec des expositions différentes, ce qui explique que l'une d'entre elles présente moins de couleurs et de contraste.

C'est principalement dans ces situations que cette fonction peut être utilisée pour compenser l'exposition automatique et obtenir une photo bien exposée. De manière générale, les appareils numériques offrent un réglage de compensation d'exposition allant de + 2 à – 2 IL de sur- ou sous-exposition.

35

Cette petite expérience vous permettra de bien comprendre cette fonction.

1. On réalise le portrait d'une personne avec le ciel ou un fond très lumineux au second plan (le sujet apparaîtra plus sombre).

2. Le même portrait, réalisé avec une surexposition de 1 IL (+1 IL).

3. Le même portrait, réalisé cette fois avec une surexposition de 2 IL (+2 IL). La photo la plus convaincante est alors choisie.

Comme on peut le voir, l'appareil ne peut pas toujours offrir une lecture correcte de la lumière disponible. Il faut donc l'aider en compensant cette lumière.

4. Portrait d'un sujet exposé à la lumière directe du soleil.

5. Le même portrait, réalisé avec une sous-exposition de 1 IL (–1 IL).

36

6. Le même portrait, réalisé avec une sous-exposition de 2 IL (−2 IL).

Une fois que l'on a les trois expositions, on s'aperçoit que l'appareil ne peut obtenir une exposition correcte par lui-même.

7. On choisit l'exposition la plus convaincante.

Types de flash

En général, les appareils numériques ont cinq modes de flash programmés, adaptés à différentes situations, du portrait au simple apport de lumière pour les zones les plus sombres de la photo. Ces cinq fonctions sont les suivantes :

⚡AUTO **Automatique.**
Avec ce mode, le flash se déclenche automatiquement lorsque l'appareil estime que c'est nécessaire. Il a considéré que c'était le cas ici, en raison de la faible lumière. Il faut néanmoins être vigilant lorsque le sujet est une personne, car ses yeux peuvent être rouges sur la photo.

◉ **Atténuation des yeux rouges.** L'appareil émet plusieurs flashs de faible intensité avant de prendre la photo avec un flash complet, ce qui permet de faire se contracter les pupilles et d'éviter que les yeux soient rouges.

⚡ **Flash imposé.** Le flash se déclenche toujours, quelle que soit l'intensité de la lumière, et sert à éclairer les zones sombres. Ici, la lumière était suffisante, mais il a été employé pour éliminer certaines ombres qui auraient pu se créer autour des yeux, et les rendre un peu plus brillants.

37

⚡ **Sans flash.** Cette option est utile pour photographier dans des lieux où le flash n'est pas permis (dans les musées, par exemple). Sur la photo de cette vitrine, il y aurait eu un reflet si le flash avait été utilisé.

 Synchro lente. L'appareil procède d'abord à une longue exposition avec un flash afin de faire la moyenne entre le fond et le sujet. Si vous photographiez des personnes, il faut leur demander de ne pas bouger après le flash pour qu'elles n'apparaissent pas « bougées » sur la photo. Dans ce cas, les lumières du manège sont bien définies grâce à la longue exposition.

Voici un petit exercice qui vous permettra de comprendre les différents résultats de l'utilisation du flash :

2. Faites la même photo avec la fonction Flash imposé.

1. Cherchez un sujet moins bien éclairé que le fond sur lequel il se trouve. Faites une photo avec la fonction Sans flash.

3. Faites la même photo avec la fonction Synchro lente.

4. Choisissez la photographie la plus intéressante.

ÉQUIPEMENT RECOMMANDÉ POUR DÉBUTER

Il est difficile de recommander un modèle en particulier : les goûts et les besoins de chacun sont différents. De plus, les modèles évoluent à une vitesse vertigineuse. En revanche, il est possible de signaler tout ce que doit offrir un appareil au moment de son achat afin de pouvoir l'utiliser immédiatement, sans que rien ne vienne à manquer. En plus des aspects signalés précédemment, il est bon de se munir d'un jeu de batteries de secours, d'une carte mémoire supplémentaire et d'un petit trépied.

▲ Généralement, l'appareil numérique est livré avec un CD d'installation du logiciel pour télécharger les photos sur l'ordinateur (la base) et parfois avec d'autres CD de logiciels de retouche photographique, d'archivage et même le guide d'utilisation de l'appareil au format PDF.

▲ Au moment de l'achat, il faut avant tout vérifier que l'emballage de l'appareil est intact, encore sous plastique et qu'il ne présente aucune sorte de choc afin de s'assurer que l'on achète bien un produit parfaitement neuf.

39

◀ **Appareil.** Il n'est pas toujours livré avec sa housse ; il est alors recommandé d'en acheter une afin que l'appareil soit toujours bien protégé.

◀ **Câble vidéo.** Il permettra de visualiser les photographies de l'appareil directement sur le téléviseur.

▶ Il est nécessaire d'avoir tous les fascicules d'information, les manuels d'utilisation de l'appareil et d'installation du logiciel.

▷ **Câble d'interface.** Le type de connexion de ce câble peut varier selon les appareils (USB, Firewire, I.Link…).

◁ **Carte mémoire.** Le plus souvent, l'appareil est livré avec une seule carte mémoire de capacité clairement indiquée.

40

▷ Les batteries sont généralement fournies déchargées ; il vous faudra les charger selon les instructions du manuel avant leur première utilisation. Prenez garde à ne jamais toucher les points de contact (ou pôles) des batteries.

◁ **Chargeur de batteries.** Le type de voltage accepté par le chargeur doit correspondre à celui de la région dans laquelle vous vous trouvez. Aujourd'hui, presque tous les chargeurs supportent une charge comprise entre 100 et 240 V.

◁ Il est impératif de conserver la garantie pour pouvoir effectuer une réclamation si l'appareil présente un défaut quelconque.

TYPES DE LUMIÈRE

Lorsque l'on prend une photo, plusieurs facteurs entrent en jeu : le sujet à photographier, l'appareil, le photographe et bien d'autres encore… Mais le plus important, sans lequel la photographie serait impossible, demeure la lumière.

▲ Voici une image fidèle à ce que voyait le photographe.

Vous découvrirez
dans cette partie les
différents types de
lumière et la manière
de les capter avec votre
appareil numérique,
que ce soit pour obtenir
une reproduction fidèle
de ce que vous voyez
ou pour réaliser des
photos créatives aux
résultats surprenants.

◄ Pour prendre une
photo, la lumière
est indispensable.

▲ Dans cet exemple, les couleurs d'une fin de journée estivale ont été modifiées
grâce à une fonction de l'appareil. L'image qui en résulte, plus froide, n'en demeure
pas moins magnifique.

On entend souvent
des commentaires du genre :
« Quel appareil, il doit faire
des photos superbes ! »
S'il est vrai qu'un bon appareil
peut aider à prendre de
meilleures photographies,
la clé de la réussite réside
dans la compréhension
et la bonne utilisation
de la lumière.
Si vous comprenez bien
à quel type de lumière vous
avez à faire, vous prendrez
de meilleures photos.

Si la lumière du soleil semble toujours la même,
en réalité, il en va tout autrement. La lumière présente
en effet différents « sens » et « températures »,
qui se voient modifiés par les éléments naturels
(la pluie, les nuages, le brouillard, etc.). Presque tous
les facteurs climatiques, aussi anodins qu'ils puissent
paraître, peuvent avoir une influence directe
sur la lumière.

▶ Les photos prises par temps
gris ou pluvieux ne sont généralement
pas très contrastées.

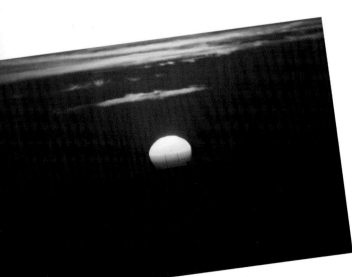

Dans certains cas, les nuages
peuvent être utilisés comme
diffuseurs de lumière solaire :
un éclairage tout indiqué
pour les portraits.

◀ Plus le soleil est bas, plus sa lumière est
chaude : celle-ci doit en effet parcourir une
distance plus importante dans l'atmosphère.

▶ Même si le soleil est radieux, vous devez prendre en compte le long chemin que doit parcourir la lumière jusqu'à votre appareil. Ainsi, dans le cas ci-contre, le feuillage donnera à la photo ses nuances de vert.

▼ Ici, l'ombre est latérale parce que le soleil éclaire de côté.

▶ Sur cette photo, la lumière éclaire directement et de face l'enseigne du manège, ce qui se traduit par des couleurs très contrastées.

On parle de « sens » de la lumière lorsque l'on fait référence à l'angle ou à la position du soleil ou de la source de lumière artificielle par rapport au sujet photographié – éclairage de face, du dessus, latéral ou à contre-jour.

▼ Dans cet exemple, la source de lumière est complètement à l'opposé de l'appareil : les ombres s'étirent donc en direction du photographe.

▲ Quand le soleil est à son zénith, les ombres ne sont pas allongées mais à l'aplomb du sujet.

Lorsque l'on parle de « température » de la lumière, on fait référence aux différentes proportions de couleurs primaires (rouge, vert, bleu ou RVB) présentées par cette lumière. La température de la lumière se mesure en degrés Kelvin (K). Ses couleurs passent de dominantes rouges et jaunes (lumière tungstène) à des dominantes bleues et blanches (lumière du jour ou flash).

◄ Un exemple typique de lumière chaude obtenu en photographiant sous une lumière tungstène, qui contient une plus grande proportion de tons jaunes et rouges.

44

▶ On peut constater, sur cette photo prise à la lumière du jour, que les blancs restent intacts.

Comme la lumière naturelle, la lumière artificielle s'étend sur un large spectre de températures. On la trouve généralement dans les intérieurs sous sa forme la plus pure, alors qu'elle perd de son caractère en extérieur, où elle se mêle à d'autres lumières artificielles ou à la lumière du jour.

▲ On rencontre souvent des situations où des sources lumineuses différentes se mélangent.

Si vous utilisez la lumière électrique comme éclairage, vos photos prendront une teinte qui dépendra du type de lampe employé (les ampoules à incandescence produisent une dominante jaune ou orange et certains tubes fluorescents une teinte verte ou bleutée).

▷ Menus des types de lumière sur l'écran de l'appareil numérique.

▲ Filtres de correction de la lumière.

Pour utiliser le mieux possible cette particularité des appareils numériques, vous devrez toujours avoir une idée précise de la lumière qui éclaire la scène : est-ce une lumière du jour, artificielle ou mixte ? Il vous faudra pour cela distinguer, tout comme les fabricants d'appareils numériques, chaque type de lumière grâce à une icône : il vous sera dès lors plus facile de savoir quel menu de votre appareil compensera correctement cette lumière.

La photographie argentique exige une grande attention quant à la lumière qui éclaire la scène et le type de pellicule employé. Une fois la pellicule insérée dans l'appareil, il n'est plus possible de compenser la lumière autrement que par l'utilisation de filtres. Il en va tout autrement avec les appareils numériques, dotés de mécanismes capables de compenser la lumière automatiquement ou manuellement selon leur programmation.

▲ Ici, la lumière du jour est bien claire : il sera judicieux d'utiliser la fonction Lumière du jour.

Il est quasiment impossible de créer une fonction correspondant à chaque type de lumière en raison du nombre presque infini de combinaisons possibles.

Aussi les fabricants d'appareils numériques les répartissent-ils généralement en sept modes distincts qui permettent de s'adapter à toutes les situations.

Voici les modes adaptés à la lumière naturelle :

AWB AWB

C'est le mode Automatique, qui permet à l'appareil de se régler tout seul. Il s'adapte à presque toutes les situations, puisqu'il couvre une gamme de températures allant à peu près de 3 000 à 7 000 K.

◄ Cette boutique de luminaires présentait une dominante de lumière jaune, mais l'appareil l'a corrigée automatiquement.

46

☀ Soleil

Ce mode s'emploie par temps clair, généralement à midi, ou avec une grande luminosité extérieure présentant une température d'environ 5 500 K.

☁ Nuages

Ce mode est adapté aux ciels couverts, couchers et levers de soleil, avec une température de lumière d'environ 6 000 K.

Voici à présent les modes adaptés à la lumière artificielle :

☀ Tungstène

Adapté à un éclairage à incandescence, (ampoule classique) le plus souvent en intérieur, avec une température d'environ 3 200 K.

☰ Néon (fluorescent)

Ce mode est adapté à une lumière de néon blanche, le plus souvent en intérieur, avec une température avoisinant 4 000 K.

⚡ Flash

À utiliser lorsque l'on photographie uniquement avec la lumière du flash, à une température proche de 6 000 K (sa température étant proche de celle de la lumière du jour, ce mode peut également être adapté aux situations de grande luminosité).

▼ Les croquettes du chat se trouvaient dans une cuisine sous une lumière tungstène, mais la balance des blancs a permis de la transformer en lumière du jour.

▦ WB (Balance des blancs)

Lorsqu'il convient de calibrer la lumière, généralement dans des situations où elle est mixte, il suffit simplement de photographier un sujet parfaitement blanc et de charger cette photo dans le mode WB pour convertir l'éclairage. Ce mode couvre des températures allant approximativement de 2 000 à 10 000 K. Il n'est toutefois pas présent sur tous les appareils.

La meilleure façon de comprendre les différents types de lumière et les lieux où on les rencontre, consiste à expérimenter et à comparer les résultats d'un mode bien précis avec la lumière ambiante.

◀ L'appareil a été réglé ici sur le mode Lumière tungstène.

▶ L'appareil a été réglé ici sur le mode Lumière du jour.

Vous pouvez donc réaliser le petit exercice suivant : choisissez une situation offrant une lumière déterminée et commencez à changer les modes.

AWB

49

L'exemple choisi ici est celui d'un coucher de soleil, situation où les couleurs sont contrastées. Il est important de répéter cet exercice avec différents modes de lumières : suivant les résultats obtenus, vous pourrez prendre la bonne décision lors de vos prochaines prises.

Ce n'est qu'après avoir vu ces résultats que vous découvrirez que le mode soi-disant adapté n'offre pas toujours les meilleurs résultats… ou du moins, les plus spectaculaires. Souvenez-vous que la photographie numérique vous offre le grand avantage de pouvoir expérimenter en toute liberté et d'essayer des options qui, si elles peuvent paraître absurdes à première vue, donnent des photographies surprenantes.

50

▲ Par cette nuit de pleine lune, avec un trépied, il aurait été logique d'employer le mode Lumière du jour puisque c'est cette lumière qui est reflétée par la lune. Cependant, le résultat n'est pas celui escompté, à cause du reflet des lumières de la ville.

▲ Pour réussir une image nocturne plus fidèle, il a donc fallu choisir le mode Lumière tungstène.

THÈME 2 PRENDRE DES PHOTOS

Une photo peut être classée dans des domaines aussi spécifiques que la microphotographie ou aussi généraux que la photographie de reportage. Mais il est difficile de répertorier une photo selon son thème : comment savoir si une microphotographie est ou n'est pas une photo de reportage ?

C'est pourquoi nous vous donnons ici des exemples répartis en dix groupes, dans lesquels des photos prises dans des situations différentes seront analysées et cataloguées, de façon globale, selon leur sujet. Ces ensembles seront les suivants :

▼ Portrait en extérieur.

◀ Portrait en intérieur.

▼ Portrait animalier.

▼ Portrait de groupe.

▼ Paysage urbain.

◀ Paysage de montagne.

▲ Paysage marin.

▼ Photos de nuit.

▲ Premiers plans et macro.

◀ Photos en mouvement.

Tout au long de ce chapitre, nous commenterons le cadrage, le mode utilisé dans chaque situation et la position du photographe. Afin de faciliter la lecture et la compréhension des prises de vues, on emploiera les icônes définissant le mode de lumière employé et le type d'utilisation du flash pour chacune des photographies. Avant d'aborder le vif du sujet, quelques conseils vous seront utiles pour réussir au mieux vos photos, à commencer par la meilleure manière de tenir l'appareil, détail indispensable auquel on accorde rarement l'importance qu'il mérite !

 Ce picto définit la position de l'appareil par rapport à son sujet.

◀ Prise correcte de l'appareil, pour ne gêner aucun élément.

En tenant l'appareil de cette manière, vous obtenez une plus grande stabilité et aucun élément, comme le flash ou l'objectif, n'est obstrué.

◀ ▲ Prise incorrecte.

Lorsque l'on se prépare à prendre une photo, il est souhaitable de commencer la séance en tenant l'appareil dans une position parfaitement droite, qui pourra être modifiée à volonté. ▶

Ainsi, vous vous habituerez à toujours tenir votre appareil droit, ce qui vous évitera des mauvaises surprises comme les distorsions ou les mauvais cadrages.

53

▶ Lorsque les rayons du soleil ou la source de lumière se reflètent dans l'objectif au moment de prendre la photo.

Vous pouvez éviter la lumière qui arrive directement sur l'objectif en faisant écran avec la main près de l'appareil pour lui donner de l'ombre et en veillant à ce que la main n'apparaisse pas sur la photo. Vous éviterez ainsi la présence de reflets indésirables.

◀ Lorsque la lumière est faible et que vous risquez de bouger.

Le mieux est d'utiliser un trépied et un déclencheur automatique. Vous éviterez ainsi de bouger l'appareil en appuyant sur le déclencheur et vos photos seront parfaitement nettes.

Gardez à l'esprit que si l'appareil n'est pas stable ou tenu bien droit, vos photos peuvent être floues et leurs perspectives faussées.

54

▶ Lorsqu'un trépied s'impose et que vous n'en avez pas.

Cherchez une surface plane où poser l'appareil et utilisez le déclencheur automatique. Cela peut même permettre au photographe d'apparaître sur la photographie s'il le souhaite.

Modes d'appareil photo numérique

AWB automatique | soleil | nuages | tungstène | néon | flash

Modes de flash

AUTO automatique | anti-yeux rouges | flash | sans flash | nuit

PORTRAIT EN EXTÉRIEUR

Lorsque vous réalisez ce type de portraits, le premier aspect qu'il vous faut prendre en compte est la direction de la lumière. C'est elle qui vous permettra de prendre la bonne décision et de choisir l'angle de vue qui vous plaira le plus. S'il s'avère que cet angle n'est pas celui qui offre les meilleures conditions de lumière, il vous faudra savoir en tirer parti au mieux.

▲ La jeune femme se trouve dans une position où la lumière arrive de côté, ce qui explique que seule une moitié de son visage est éclairée.

▲ Nous sommes ici dans la même situation que précédemment, mais le flash a été utilisé pour compenser la zone qui n'était pas éclairée.

▲ Sur cette photographie, la lumière du soleil éclaire directement le visage, qui est donc bien clair. Mais l'inconvénient, quand le soleil est face au sujet, c'est que la lumière est trop intense : elle gêne la personne, qui a alors tendance à fermer les yeux.

▲ Ici, le sujet tourne le dos au soleil, c'est pourquoi l'image semble se détacher sur un fond sombre. La lumière venant de l'arrière, il a fallu utiliser le flash, sans quoi le sujet aurait été complètement sous-exposé. Il a aussi fallu faire écran avec la main pour éviter que le soleil ne se reflète directement sur l'objectif.

Le deuxième aspect à prendre en compte est le cadrage de la photographie, grâce auquel vous pourrez mettre en valeur le sujet principal. Cela est possible grâce au zoom de l'appareil, mais aussi en vous approchant ou en vous éloignant du sujet.

▲ Sur cette photo, le modèle se trouve dans une zone d'ombre sur un fond clair. Le flash a été utilisé pour pouvoir bien éclairer la jeune femme et ne pas la cacher par rapport au fond. Ce mode a permis une image bien équilibrée, sans trop de contraste, et a évité au sujet de poser face au soleil.

▲ Ici, le sujet a été placé dans un environnement bien déterminé. Le large cadrage permet de reconnaître le lieu où la photo a été prise, en accordant la même importance au sujet et à la scène.

◄ Avec ce cadrage un peu plus serré, le sujet gagne en importance sans pour autant occulter complètement le lieu, que l'on peut encore reconnaître.

▶ Si le cadrage est très serré, le sujet est mis en valeur par rapport à la scène. Cette option est recommandée lorsque le second plan n'est utilisé que pour donner une atmosphère à l'image.

◁ Il est toujours possible d'utiliser l'appareil à la verticale. Dans le cas où le cadre de la scène est parfaitement horizontal, le décor perd son format d'origine lorsque l'on se rapproche du sujet. Il est alors conseillé de prendre la photo à la verticale.

Le troisième aspect est l'angle de vue à partir duquel vous prendrez votre photo. Le fait d'adopter divers angles de vue permet de créer des compositions différentes qui souligneront tel ou tel détail de la scène.

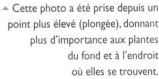

▲ Cette photo a été prise depuis un point plus élevé (plongée), donnant plus d'importance aux plantes du fond et à l'endroit où elles se trouvent.

▲ On a ici adopté un angle de vue plus bas (contre-plongée) pour pouvoir mettre en valeur le visage de la jeune femme et le mur de la fontaine.

▷ L'angle de vue de cette photo n'est pas aussi bas que le précédent, mais en changeant de côté, on a pu mettre en valeur le bleu du ciel et obtenir ainsi une image moins chargée.

▼ Sur cette photo, l'angle de vue est parfaitement face au sujet, sans variation de l'inclinaison de l'appareil. Mais la photographie a été prise d'un autre côté pour avoir les arbustes en fond et obtenir une image avec un arrière-plan neutre.

▲ Ici, on a de nouveau choisi un angle de vue élevé, mais dans le but de cadrer le sujet sur le fond vert offert par l'herbe.

Enfin, le quatrième point important est d'être attentif à la position et/ou à l'attitude du sujet, que ce soit pour le placer à l'endroit désiré sur la photo ou pour obtenir des images plus naturelles et plus spontanées.

◀ L'attitude nonchalante de la jeune femme donne l'impression qu'elle pose à contrecœur.

▶ Sur cette image, sa pose est plus naturelle : il aura suffi pour cela d'un seul mouvement ou d'un léger changement de posture.

Il est important d'avoir un bon échange avec le sujet que l'on photographie pour obtenir des photos réussies.

Voici quelques exemples de photos prises
en extérieur, dans différentes situations
et à différents moments de la journée.

▶ Ce portrait a été réalisé en fin d'après-midi,
à un moment où la lumière solaire offre des
tons plus chauds, ce qui explique que la
peau des sujets soit plus rouge ; le flash
n'a pas été utilisé et, même s'ils font face
au soleil, la lumière n'est pas très forte.

◀ Ici, la couleur de la peau est plus
froide : la photo a été prise à midi,
sans lumière directe.

▲ Sur ce portrait, aux sports d'hiver, les nuages
et la neige diffusent la lumière et la rendent
uniforme : aucune ombre marquée n'apparaît
et le ton est froid.

▲ Ce portrait a été réalisé à midi, ce qui explique
que le dessus des cheveux et le bras soient
éclairés. Le flash a été utilisé pour faire
ressortir le visage et briller les yeux.

PORTRAIT EN INTÉRIEUR

Pour prendre des photographies en intérieur, la première chose à faire est d'analyser le type de lumière auquel on est confronté : s'agit-il d'une lumière incandescente, d'un néon, d'une lumière mixte ? Y a-t-il assez de lumière du jour pour éclairer la personne que l'on souhaite photographier ?

Il convient ensuite de déterminer s'il est nécessaire ou non d'employer le flash. Il est toujours utile de faire plusieurs essais avant de prendre la photographie finale, car la lumière du flash mêlée à celle de la scène peut donner un résultat peu convaincant.

De plus, le format numérique permet de réaliser ce type d'essais, qui facilitent ou assurent une meilleure réussite finale. Enfin, troisième et dernier point : cadrer et adopter des angles de vue qui permettront de mettre le personnage en scène ou de l'isoler.

▷ Premier exemple : ce portrait en intérieur avec la lumière du jour. Le sujet tourne le dos à une fenêtre d'où provient la lumière extérieure. Remarquez l'utilisation d'un petit réflecteur (tenu par le sujet), qui permet d'éclairer un peu la partie inférieure du visage, laissant les yeux dans l'ombre pour apporter plus de force à la scène. Si vous ne disposez pas d'un réflecteur professionnel, vous pouvez toujours en réaliser un vous-même avec du carton recouvert de papier aluminium.

60

◁ Dans cet exemple, toujours à la lumière du jour, le sujet pose près d'une fenêtre en verre biseauté. On a choisi le format vertical en tirant parti de la lumière diffuse générée par ce type de verre, pour éviter d'avoir des ombres aussi marquées que sur la photographie précédente.

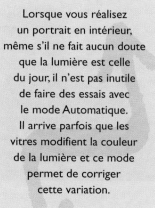

Lorsque vous réalisez un portrait en intérieur, même s'il ne fait aucun doute que la lumière est celle du jour, il n'est pas inutile de faire des essais avec le mode Automatique. Il arrive parfois que les vitres modifient la couleur de la lumière et ce mode permet de corriger cette variation.

▶ Dans les mêmes conditions de lumière que pour l'image précédente, le format est cette fois horizontal et le sujet placé à la jonction des deux vitres biseautées pour profiter de la lumière environnante. Le cadrage est effectué en collant l'appareil à l'une des vitres pour obtenir une ligne de fuite.

◀ Dans ce cas, l'angle de vue inhabituel mais intéressant est obtenu en prenant la photo depuis l'étage et en éclairant le sujet avec un éclairage tungstène dont la lumière est assez diffuse et uniforme.

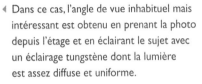

▶ Ici, le sujet est assis entre deux lampes de bureau éclairé par un diffuseur blanc (écran réflecteur) et une lumière tungstène. Le côté gauche, plus proche d'une des sources de lumière, est donc plus éclairé.

▶ Dans les mêmes conditions que celles de l'image précédente, on a cette fois préféré un cadrage vertical, en reculant un peu l'appareil pour pouvoir prendre le sujet sur le fauteuil.

◀ Vous souhaiterez parfois cadrer le personnage en action et dans son environnement. Dans cet exemple, trois sources de lumière tungstène ont permis d'éclairer la scène : la première, située au plafond de la pièce, offre une lumière générale et bien répartie. La deuxième a été placée sur la gauche par le peintre pour éclairer la toile. La troisième, quant à elle, est placée sur le côté droit de la scène et dans le dos du peintre, pour apporter une touche supplémentaire de lumière et mieux délimiter sa silhouette.

▶ Sur cet autre exemple, réalisé dans les mêmes conditions que le précédent, la prise de vue ne se fait plus de l'arrière mais de côté. Les sources de lumière sont les mêmes, mais l'éclairage est maintenant sur le modèle, et la lampe située dans le dos du peintre l'éclaire désormais presque de face. La lumière du plafond baigne toujours la scène dans son ensemble et permet d'adoucir les ombres.

▶ ▼ Cette scène est éclairée par des néons répartis tout au long de l'espace, ce qui explique que la lumière soit aussi uniforme. On a choisi ici le mode Automatique, car il offre un meilleur résultat que le mode Néon (fluorescent) : le rideau du fond dénature les couleurs.

63

◀ ▲ Bien qu'uniforme, la luminosité de la scène n'en reste pas moins assez faible, c'est pourquoi on a demandé au danseur de ne pas bouger sur le premier portrait. L'image est un peu floue sur les prises suivantes, mais cela donne une meilleure impression des mouvements effectués.

Dans ce portrait, on a souhaité donner plus d'importance à l'action qu'au sujet lui-même. C'est pourquoi on a d'abord cadré les platines les mieux éclairées et appuyé à moitié sur le déclencheur pour que l'appareil prenne la lumière. Sans lâcher le déclencheur, on a ensuite recadré et pris la photo.

64

Grâce aux lumières artificielles actuelles, les types d'éclairages que l'on peut trouver dans les intérieurs sont extrêmement variés. Dans cette séquence, le sujet se trouve face à une lampe à lumière tungstène avec un écran rouge. Comme vous pouvez le constater, le résultat est pour le moins surprenant !

PORTRAIT DE GROUPE

Les photographies de groupe sont extrêmement fréquentes : il y a toujours quelqu'un muni d'un appareil photo lors d'une fête ou d'une réunion de famille. Pour prendre ce type de photos, vous devrez garder en mémoire deux éléments qui varient par rapport au portrait individuel.

Tout d'abord, étant donné qu'il y a plus de personnes à photographier, assurez-vous que tout le monde est bien à sa place et que personne ne sort du cadre. L'autre aspect important concerne le flash. En effet, lorsque l'on photographie des groupes importants, il faut généralement

s'éloigner pour pouvoir les cadrer dans leur totalité. Or, dans des conditions de faible luminosité où l'utilisation du flash est nécessaire, il se peut qu'il ne puisse éclairer toute la scène s'il en est trop éloigné.

▶ Cette photo de groupe est un exemple classique d'une scène d'extérieur bien éclairée. Ici, le flash n'a pas été nécessaire pour compenser les ombres qui apparaissent parfois au niveau des yeux.

◀ Sur cette image, le groupe d'enfants se trouvait dans une salle éclairée par la lumière extérieure. Il s'agissait d'illustrer la visite d'une exposition, et l'on a choisi de situer une sculpture au premier plan, puisqu'elle était plus proche de la source de lumière, en évitant d'exposer les enfants à la lumière directe. Celle-ci, renvoyée par le sol blanc, offre une luminosité uniforme à la scène.

◀ Cette photo d'une fête a été prise dans une petite pièce, dont les murs étaient blancs. L'éclairage, provenant d'une lampe tungstène, était renvoyé par le plafond, blanc lui aussi. Il a donc été facile de faire la conversion de la lumière avec l'appareil.

66

▶ Voici un bon exemple de groupe trop important ne permettant pas d'utiliser le flash pour compenser les ombres des visages. Dans ce cas, il est alors nécessaire de trouver l'angle depuis lequel la lumière éclairera le mieux les visages.

◀ Voici l'un des exemples les plus classiques de la photo de groupe au cours de fêtes, de mariages ou de réceptions. La plupart du temps, dans ces occasions, les appareils numériques fonctionnent bien si l'on sélectionne le mode Automatique et l'atténuation des yeux rouges.

◀ Situation typique : les invités ont terminé de dîner,
ils se lèvent, commencent à danser et des groupes
se forment spontanément. En général, il ne faut
pas tarder à prendre la photo, car le nombre
de personnes qui viennent se joindre au groupe
s'accroît, ce qui peut compliquer la prise !
C'est pourquoi il convient d'être attentif
et rapide au moment du cadrage.

▼ ▶ Pour immortaliser ce groupe d'amies
dans un bar, on a choisi de prendre deux
photos : l'une avec flash et l'autre sans.
Comme on peut le constater, la photo
sans flash (ci-dessous) donne le résultat
le plus naturel et reflète le mieux
la lumière du café, même si les sujets
ne sont pas aussi nets que sur la
photo prise avec flash (ci-contre).

67

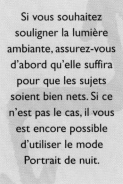

Si vous souhaitez
souligner la lumière
ambiante, assurez-vous
d'abord qu'elle suffira
pour que les sujets
soient bien nets. Si ce
n'est pas le cas, il vous
est encore possible
d'utiliser le mode
Portrait de nuit.

Pour ces quatre clichés, on a cherché un lieu offrant un bon éclairage : quatre murs blancs avec une grande fenêtre, et au plafond des lucarnes éclairant bien les garçons. Le flash de l'appareil est désactivé, la pièce étant assez lumineuse pour obtenir une image nette de sujets immobiles. Cependant, ces derniers n'arrêtent pas de bouger pour obtenir des images amusantes !

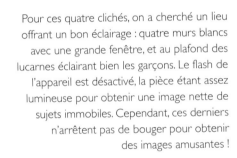

Qu'il s'agisse de portraits de groupe dans lesquels les sujets ne posent pas – et on obtient alors une photo naturelle comme celle de gauche – ou d'images posées (comme ci-dessous), le plus important est de faire preuve d'imagination et, comme on l'a déjà dit, de ne jamais cesser d'expérimenter.

Lorsque vous souhaitez photographier des groupes en mouvement ou dans des situations exigeant une photo rapide, prenez garde à ne laisser personne hors du cadre. Il vaut mieux cadrer trop large : il vous sera toujours possible de recadrer ensuite avec un programme de retouche.

▶ Dernier facteur à ne pas oublier : ne soyez jamais embarrassé au moment de faire une photo. Cherchez toujours à prendre celle que vous voulez prendre, que vous deviez vous coucher sur le sol, vous mettre debout sur une chaise ou demander aux héros de votre enfance de poser à vos côtés…

PORTRAIT ANIMALIER

70

La photographie animalière est l'un des domaines qui exigent le plus de patience et d'attention de la part du photographe pour saisir le bon moment : on sait bien que les animaux sont imprévisibles et surprenants. Ce type de photos est assez courant chez les possesseurs d'animaux de compagnie.

◀ Sur cette séquence, on peut observer que le chiot a changé de position à plusieurs reprises, et en seulement quelques secondes. Le cadrage n'a pas suivi ses mouvements, c'est pourquoi il est coupé sur certaines photos. Il faut donc que le photographe soit extrêmement attentif lorsqu'il photographie des animaux, quitte à mettre l'appareil en mode Action pour réaliser beaucoup plus de clichés et faire ensuite son choix.

▶ Le chat est généralement le plus facile des animaux domestiques à faire poser le regard tourné vers le photographe : l'appareil pique sa curiosité. En attirant son attention, il est alors relativement aisé de faire son portrait.

◀ Sur cette photo, le chat se prélassait au soleil sur le rebord d'une fenêtre. Il a suffi d'attirer son attention sans faire de gestes brusques. Le flash a été utilisé pour compenser la lumière de la fenêtre et faire légèrement briller ses yeux.

▶ Les chiens se révèlent plus difficiles à photographier, car ils bougent beaucoup plus, surtout lorsqu'ils sont jeunes. Utilisez leur jouet favori pour les distraire : vous pourrez alors prendre de meilleures photos.

◀ L'idéal est de se positionner à la hauteur de l'animal afin d'obtenir des photos où il sera le sujet central, plutôt que son environnement. Ce cliché, par exemple, a été pris à même le sol, avec un cadrage ouvert pour placer l'animal dans son contexte.

▶ Sur cette photo, prise du même endroit que la précédente, on a resserré le cadrage avec le zoom, en inclinant légèrement l'appareil vers le haut pour faire un portrait plus fort, dans lequel l'animal occupe presque tout l'espace. S'il s'agit d'un profil, il convient de toujours laisser plus d'espace du côté vers lequel se tourne le regard du sujet.

Sur cette photo, le chien s'est levé, ce qui ne veut pas dire qu'il faille en faire autant ! Ici, il a suffi de se mettre à genoux pour obtenir un point de vue frontal. Si la photographie avait été prise debout, le cadrage aurait été orienté vers le bas et l'animal aurait perdu de son importance.

Lorsque vous souhaitez réaliser des photos d'un animal et de son maître, il vous faut trouver un angle de vue intermédiaire grâce auquel aucun des sujets ne prédominera. Dans ce cas, la photo a été prise accroupi.

Sur ce cliché, le photographe s'est légèrement baissé pour mettre en valeur le saut du chien. Avec un angle de vue plus élevé, le chien aurait été aligné avec le sable de la plage et le saut aurait paru moins impressionnant.

72

▸ Pour photographier ce cheval,
il a fallu élever légèrement le
point de vue. Même si l'animal
baisse un peu la tête, l'angle
de vue se trouve plus haut
que la jeune femme.

◂ Lorsque vous souhaitez photographier
des animaux en captivité, dans les parcs
zoologiques par exemple, il est important
de chercher un point où la vitre de la cage
n'émet pas de reflets (ou le moins possible).
Une astuce consiste à rapprocher le plus
possible l'appareil de la vitre et à cacher
les reflets avec la main libre. Bien entendu,
n'utilisez jamais le flash : il se refléterait sur
la vitre et occuperait toute la photographie.

73

▸ Sur cette photo, l'autruche est si près
de la grille qu'il serait difficile de placer
l'objectif dans l'un de ses espaces ;
on a donc cadré l'œil de l'oiseau
au centre de l'un d'eux. Si une partie
de cet œil avait été occultée par la
grille elle-même, la photographie
aurait perdu tout son intérêt.

PAYSAGE URBAIN

Nous abordons maintenant la photographie en ville ou dans le cadre de paysages urbains, à différentes heures de la journée.

Cette analyse sera complétée par quelques conseils permettant de tirer le meilleur parti des scènes que vous souhaiterez photographier au cours de vos visites dans des grandes métropoles aussi bien que dans des petits villages.

Le paysage urbain offre un très large éventail de possibilités, qui permettent d'expérimenter en travaillant sur les détails, les cadrages créatifs ou, plus simplement, de garder le souvenir d'une visite.

▲ Comme pour n'importe quel autre type de photo en extérieur, il faut prendre en compte le moment de la journée. On remarque sur cette photo une lumière blanche typique de la mi-journée, et des volumes peu marqués.

▶ Sur celle-ci en revanche, on perçoit une lumière plus chaude, caractéristique de la fin d'après-midi. Lorsque le soleil éclaire de côté, il marque beaucoup plus les volumes des bâtiments et offre une couleur plus chaude.

◀ Lorsque l'on prend des bâtiments en photo, il est important de placer l'appareil le plus droit possible afin d'éviter des lignes de fuite trop marquées. Il est judicieux d'inclure des personnes sur la photo : elles donnent une idée de l'échelle et permettent de mieux se rendre compte de la taille réelle de l'édifice.

▶ Une fois prises les photographies générales, vous pouvez passer à des clichés plus créatifs, grâce à des cadrages plus originaux qui souligneront les formes ou les détails particuliers du bâtiment.

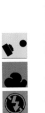

◀ L'architecture moderne permet de prendre des images abstraites intéressantes. Le secret est dans les détails : il faut savoir les voir et analyser chaque angle de vue.

Lorsque vous photographiez des bâtiments, intéressez-vous aux ombres : elles donnent plus de volume et permettent de mieux comprendre l'architecture de l'édifice.

▶ Lorsque l'on souhaite prendre des photos panoramiques d'une ville, il est recommandé de le faire aux premières ou aux dernières heures de la journée, au moment où les bâtiments semblent offrir plus de volume. Dans tous les cas, il vaut mieux éviter la mi-journée pour ce type de photos.

◁ Lorsque l'on prend des photos panoramiques aux derniers moments de la journée, il suffit d'attendre un peu pour en prendre de nouvelles une fois le soleil couché, à l'heure où s'allument les lumières de la ville. On peut ainsi capturer deux instants différents en très peu de temps : le coucher du soleil et la nuit. Ainsi, cette photo panoramique de la ville de New York n'a été prise que 25 minutes après la précédente.

76

▷ Les dernières heures de l'après-midi sont des moments privilégiés pour photographier des édifices ou des façades. La lumière extérieure offre quasiment la même intensité que celle des intérieurs. C'est le moment opportun pour prendre des photos équilibrées et sans reflets du soleil sur les vitres.

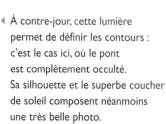

◁ À contre-jour, cette lumière permet de définir les contours : c'est le cas ici, où le pont est complètement occulté. Sa silhouette et le superbe coucher de soleil composent néanmoins une très belle photo.

◀ Dans les grandes villes, il est courant de voir différentes architectures se succéder à quelques mètres d'intervalle. Avec un bon cadrage, cela peut permettre de très beaux clichés. Dans cet exemple, on a pris en photo les fenêtres d'un édifice contemporain dans lesquelles se reflète la partie supérieure d'une cathédrale.

▶ Il est bien souvent difficile de placer une image dans un contexte, mais avec un cadrage différent, il est possible de mieux suggérer la scène. Cette petite place a été cadrée à travers l'arche de l'un des bâtiments qui la bordent, ce qui suggère que toute la place est composée d'édifices de même style.

◀ On a choisi de cadrer cette photo en mettant en valeur la poupe d'une barque au premier plan, pour suggérer qu'elle est prise dans un village de pêcheurs, même si la mer n'apparaît pas.

PAYSAGE DE MONTAGNE

Nous allons voir maintenant les différentes situations possibles lorsque l'on réalise des photographies de paysages de montagne, lieux où les dernières heures de la journée sont généralement plus marquées et plus colorées qu'ailleurs.

PHOTO : JENS BURSELL

◀ Nous commencerons par évoquer les situations dans lesquelles le soleil se trouve plus proche de l'horizon, et où la lumière affiche les nuances les plus chaudes. C'est le cas de cette photo prise aux dernières lueurs du jour – d'où le ton rouge de la neige. L'appareil a été positionné en mode Lumière du jour, puis l'on a pris trois photos avec des expositions d'un demi IL d'écart chaque fois, afin de s'assurer une bonne exposition. C'est finalement la plus claire qui a été choisie.

78

▶ Tout comme la photo précédente, celle-ci a été prise en fin de journée, mais cette fois la lumière n'éclairait pas directement la montagne. Le contre-jour donne un aspect sombre aux grands sommets.

PHOTO : JENS BURSELL

PHOTO : JENS BURSELL

◄ Ici, en revanche, la photo a été prise très tôt le matin, alors que la lumière n'éclairait pas directement le lac mais seulement la partie supérieure de la montagne qui se trouvait sur l'autre rive. Cela a permis au photographe de photographier son compagnon et de réussir un effet de miroir intéressant à la surface du lac. L'exposition a d'abord été calculée sans la partie inférieure de la scène pour que l'appareil puisse faire la moyenne de la lumière reflétée par le lac, et c'est ensuite que l'on a recadré sans lâcher le déclencheur pour obtenir la silhouette.

▼ Ici, la lumière de la scène était assez uniforme et équilibrée. Même si le ciel était bien dégagé, on a sélectionné le mode Ciel couvert pour apporter plus de chaleur à la scène. On a ensuite choisi un angle de vue permettant de mettre en valeur le petit village entouré des deux montagnes.

79

Dans les situations présentant, comme ici, un ciel parfaitement dégagé, il faut porter une attention toute particulière à l'exposition. En effet, le contraste entre la blancheur de la neige et les couleurs sombres de la montagne (ou du volcan, en l'occurrence) risque de fausser le réglage de l'appareil qui se basera sur une exposition partielle et exposera mal l'un des deux éléments. Il est alors recommandé d'effectuer plusieurs expositions et d'en faire la moyenne.

Il en va de même pour ces contrastes très marqués. Dans le cas de ces nuages bas, qui sont comme « blottis » dans une vallée et éclairés du dessus, la vallée serait apparue plus claire si l'on n'avait pas auparavant sous-exposé de 2 IL (–2 IL). Dans le cas contraire, les nuages n'auraient pas été aussi détaillés et auraient fait l'effet d'une tache blanche.

Sur cette photo prise depuis un point élevé de la montagne, le mode Nuages n'a pas été sélectionné, et pourtant il s'agissait d'une journée très couverte. Les nuages, très blancs et très dispersés, permettaient en effet à la lumière de passer. L'appareil a été légèrement incliné vers le haut pour les démarquer par rapport au sol, et l'on a attendu un peu que la partie centrale du sol soit éclairée pour figer le mieux possible l'effet d'ombre et de lumière.

▲ ▶ Voici un phénomène intéressant à prendre en photo aussi bien en montagne que dans les forêts de grands arbres : les jeux de lumière lorsque celle-ci se faufile entre les troncs et dessine les silhouettes sur un fond clair. Sur ces deux clichés, on a choisi le mode Lumière du jour. Dans le premier, l'angle de vue est à contre-jour alors que, sur le second, la lumière vient du haut.

Prenez garde à ce que les rayons du soleil ne frappent pas directement l'objectif. Pour éviter ce risque, utilisez les longues ombres des arbres ou placez votre main entre l'objectif et la source de lumière.

PHOTO : JENS BURSELL

81

Photo : Jens Bursell

Dans bien des cas, le photographe se trouve face à des paysages de rivières ou de chutes d'eau où le courant est très fort et affiche un effet de mouvement. Cette photo a été prise en mode Nuages, car le temps était un peu couvert ; on a placé le sujet sur le côté opposé à la chute d'eau pour équilibrer la photographie.

Dans l'exemple de ce lac d'un bleu intense, les nuages présentent presque la même nuance de bleu que l'eau : la lumière, en se reflétant sur le lac, colore toute la photo et donne cet effet à la fois intéressant et froid. Cette photo a été prise en mode Lumière du jour.

Photo : Jens Bursell

PAYSAGE MARIN

Nous allons dans ce chapitre analyser des photos prises dans un environnement marin, à différentes heures de la journée. Vous constaterez ainsi le rôle fondamental que joue la direction des rayons du soleil dans le choix d'un angle de vue, en raison des reflets qu'ils provoquent sur l'eau. Vous verrez aussi la meilleure manière de cadrer les différents éléments et sujets. Voici tout d'abord des exemples où le temps était clair et le soleil au zénith.

▲ Ici, nous avons sélectionné le mode Lumière du jour et deux expositions différentes : celle indiquée par l'appareil et une autre, sous-exposée d'un demi IL. C'est la seconde qui a finalement été choisie. On a coupé au cadrage la partie principale du port, qui comportait trop d'informations, ce qui a permis d'isoler la jetée et les bateaux pour obtenir une image bien épurée.

83

◀ Dans cet exemple, le soleil se trouvait un peu à contre-jour, mais presque à son zénith. Nous avons sélectionné le mode Lumière du jour, et cadré assez près des poteaux d'amarrage pour obtenir une image plus intense, avec un premier plan bien défini.

▲ Cette photo a été prise en mode Lumière du jour. Le pêcheur a été cadré quasiment au centre pour apporter un certain équilibre par rapport aux deux rochers situés de part et d'autre de l'image. Le photographe a attendu qu'une vague vienne se briser sur les rochers afin d'ajouter du dynamisme à son cliché.

84

◀ Le cadrage choisi pour cette photo permet à ce petit village méditerranéen d'être bien centré. La lumière venant du dessus, il n'y a pas d'ombres allongées. La photo a été prise en mode Lumière du jour.

Sur toutes les photos analysées jusqu'ici, la lumière venait du dessus et les rayons
du soleil produisaient un éclairage plus plat. Leur direction est importante pour capturer
certains types de lumière : voici quelques exemples montrant les résultats qu'offre
la lumière lorsque le soleil est bas et le paysage à contre-jour.

◄ ▲ Ces deux photos
ont été prises
aux premières
heures du jour,
complètement
à contre-jour,
avec un soleil
très bas. Le temps
légèrement couvert
donne son ton froid
à la lumière.

▾ ▸ Sur ces deux photos prises au coucher du soleil, la lumière est plus chaude et l'on est complètement à contre-jour. À la différence des deux précédentes (prises en mode Lumière du jour), elles ont été réalisées en mode Nuages pour donner plus de contraste aux couleurs.

Enfin, voici quelques exemples avec une lumière venant de côté, en fin d'après-midi.

◀ ▲ Ces deux exemples permettent d'apprécier les ondulations de la mer sans les reflets très marqués provoqués par le soleil à contre-jour. Les ombres sont plus longues, ce qui permet d'avoir une impression de volume plus importante. Dans ces deux cas, l'appareil a été réglé sur le mode Lumière du jour.

Soyez attentif aux ombres : lorsqu'elles sont trop longues, elles peuvent assombrir la photo au lieu de lui apporter plus de volume.

PREMIERS PLANS ET MACRO

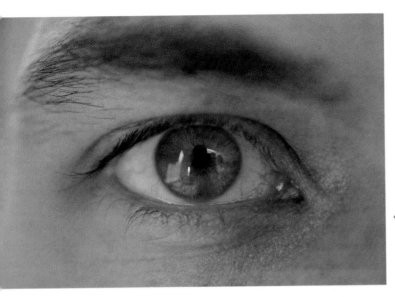

La majorité des appareils compacts ne proposent pas d'objectif de macro permettant de faire des photos en mode macro, mais la plupart incluent tout de même une fonction de zoom numérique qui permet d'agrandir très précisément l'image et d'effectuer un rapprochement.

◀ Sans le zoom numérique, une plus grande surface du visage serait apparue. La lumière est uniforme : sur un détail aussi petit, elle ne présente pas de grandes différences d'un côté à l'autre, l'utilisation du flash n'a donc pas été nécessaire.

▶ Sur cet exemple, tout le corps de la grenouille brille – elle se trouvait dans une flaque d'eau. Le temps était couvert, mais les nuages n'étaient pas très épais et laissaient passer une bonne lumière. Pour ce type de photos, il faut porter une attention particulière à la mise au point : le moindre mouvement peut la modifier. L'œil n'aurait pas été aussi net si l'on avait bougé l'appareil.

◀ La lumière rasante des premiers rayons du soleil fait ressortir le volume et la texture de cette anse de jarre.

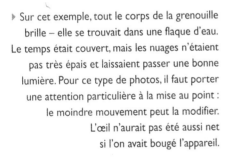

▶ Sur cette image, la libellule est restée piégée dans une piscine. La lumière était abondante et il a fallu sous-exposer l'appareil de 1 IL (−1 IL). La photo a été prise dans la piscine, en prenant soin de ne pas trop agiter l'eau et de placer l'appareil de manière à ce que la lumière ne se reflète pas directement sur l'objectif.

◀ Cette image a beau être nette, la lumière arrivait directement sur le tournesol et en a ôté tout volume ; c'est pourquoi les abeilles n'ont pas d'ombre, et il est difficile de les distinguer sur la fleur.

Pour avoir la meilleure qualité d'image, essayez de rapprocher le plus possible l'objectif du sujet et utilisez ensuite le zoom numérique.

89

▶ Cette photo a été prise avec un petit objectif et le zoom ne s'est pas avéré nécessaire. Il a suffi de se rapprocher au maximum de ce que permettait la mise au point de l'appareil. Le fond bleu n'est autre que le ciel et la lumière directe permet d'obtenir une image nette. L'image manque de volume, mais ce n'est pas gênant puisque le sujet est bien mis en valeur.

▲ Ce détail d'une sculpture peinte à la main se dessine sur un fond un peu trouble. Dans des cas de ce genre, il faut être bien sûr du détail que l'on souhaite mettre en valeur avant de prendre la photo.

90

▲ Sur cet exemple, la lumière du petit jour rase l'escargot de côté : les volumes sont très marqués.

▲ ▶ Ces deux photos illustrent parfaitement le fait que, dans la photographie macro, le moindre changement d'angle de vue permet d'obtenir des résultats totalement différents. Ce gecko marchait sur la vitre d'une fenêtre. Il a tout d'abord été photographié avec, pour fond, le vert offert par des arbres, puis, en élevant un peu l'angle de vue, avec le rose d'une terrasse pour fond.

◀ Il s'agit toujours du même gecko, mais cette fois pris de l'autre côté de la fenêtre. Cet exemple nous permet d'illustrer les différences qu'entraîne l'utilisation ou non du flash. Cette première photographie a été faite sans flash, ce qui explique que les couleurs du fond soient celles de l'intérieur.

▶ Ici, en revanche, le flash s'est déclenché : l'appareil a fait sa mise au point sur le gecko et n'a pas laissé apparaître les couleurs du fond. Le flash ne se reflète pas dans la fenêtre car l'angle de vue est légèrement latéral (s'il avait été frontal, le reflet aurait été visible).

91

PHOTOS EN MOUVEMENT

Il arrive souvent que le sujet photographié soit en mouvement. Nous allons voir comment figer ou faire apparaître le mouvement… et comment le simuler lorsqu'il n'y en a pas !

◀ Commençons par les exemples où le mouvement est figé. Ici, l'intensité de la lumière est faible – le temps est gris –, on a donc réglé l'appareil sur une sensibilité de 400 ISO pour figer le saut du chien.

Le jour où cette photo a été prise, il faisait très beau et le défilé n'avançait pas très vite : il n'était donc pas difficile de figer l'image en mode Automatique, sans modifier la sensibilité.

▶ Sur ce cliché, le personnage du premier plan est en pleine euphorie : son pays vient de remporter les championnats du monde de natation. Le temps était clair, mais le sujet bougeait beaucoup : pour fixer le mouvement, nous avons réglé l'appareil sur le mode Action et il n'a pas été nécessaire de modifier la sensibilité.

◀ Cette photo a été prise par beau temps, et les cyclistes sont apparus à l'improviste, laissant juste le temps au photographe de sélectionner le mode Automatique. Heureusement, la bonne lumière et la vitesse relativement lente à laquelle roulait le tandem ont permis de bien rendre le mouvement.

▶ ▼ Pour ces deux photos, il a été nécessaire
de sélectionner le mode Action en raison de
la rapidité des mouvements. Les conditions
de luminosité avaient beau être excellentes,
il n'aurait pas été possible de fixer aussi
bien le mouvement sans utiliser ce mode.
Si votre appareil n'en dispose pas, réglez
la sensibilité sur 400 ou 800 ISO.

Souvenez-vous de toujours
utiliser la sensibilité (ISO) adaptée
à l'action photographiée.
Plus vous aurez d'action
et d'obscurité, plus il vous faudra
une sensibilité élevée, mais plus
le bruit (grain) sera élevé.

▶ Dans cet exemple, le mouvement n'est pas figé et la
photo a un côté plus dynamique. L'appareil a été
placé sur un trépied et, la photo étant prise de nuit,
on a choisi une longue exposition. Le résultat donne
le sentiment que la roue tourne à vive allure.

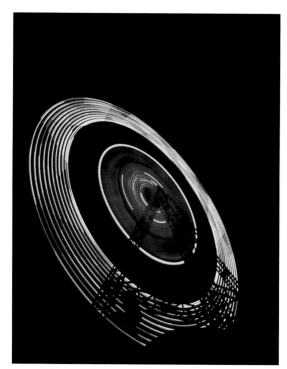

Sur cette photo, prise quelques minutes plus tard, l'appareil est toujours sur un trépied, mais l'exposition est encore plus longue (la nuit est plus noire). Les lumières de la roue sont plus marquées et celle-ci semble tourner à plus grande vitesse que sur l'image précédente. Dans les deux cas, nous avons utilisé le retardateur automatique pour éviter de bouger au moment de la prise.

▶ Sur cet autre cliché de la même roue, nous avons ôté le trépied pour bouger légèrement l'appareil au moment de la prise et obtenir un effet différent.

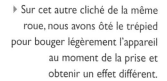

◀ Pour faire cette photo du métro de Londres, nous avons placé l'appareil sur l'un des bancs du quai et nous l'avons déclenché à l'arrivée du train. Les conditions de lumière étant relativement bonnes (il s'agit d'une lumière extérieure), l'appareil a été réglé en mode Automatique et en mode Sans flash pour n'utiliser que la lumière ambiante et capturer le mouvement du wagon.

Cette scène de cirque offrait des conditions de lumière très proches de la photographie précédente, mais avec une lumière incandescente. Ici, nous avons réglé l'appareil sur le mode Lumière tungstène et nous l'avons tenu à la main. Comme l'artiste sautait très vite à la corde, il n'apparaît pas nettement sur la photo, ce qui donne une impression de vitesse.

Il se peut que, dans certains cas, vous souhaitiez simuler la vitesse. Par exemple, sur la photo ci-contre, prise chez un restaurateur d'automobiles, les voitures sont immobiles. Avec un cadrage plus serré et en bougeant l'appareil au moment de la prise, nous avons réussi à donner une impression de mouvement (ci-dessous).

Plus il y a de lumière, plus il faut effectuer un mouvement brusque juste au moment de la prise afin de simuler le mouvement.

PHOTOS DE NUIT

On peut diviser la photographie de nuit en trois catégories distinctes :

• Les prises de vue dans lesquelles l'utilisation d'un petit flash est inutile car il ne pourrait pas éclairer toute la scène (par exemple, lorsque l'on souhaite photographier un paysage ou un bâtiment) et où il faut donc effectuer de longues expositions.

• Celles où il est possible d'éclairer complètement le sujet avec le flash, même si l'on perd généralement le fond (comme lorsqu'on photographie une personne dans une pièce).
• Celles où les deux techniques précédentes sont combinées, avec une exposition longue et l'utilisation du flash. C'est le type de situation rencontrée lorsque l'on souhaite photographier une personne avec, pour fond, un paysage à la tombée de la nuit.

Voyons tout d'abord les cas où seule une exposition longue est employée :

◀ Pour réaliser cette image, l'appareil a été fixé sur un trépied et le flash n'a pas été utilisé pour que l'appareil fasse la moyenne de la lumière ambiante. Comme on peut le constater, même s'il s'agit d'une exposition longue, les sujets dans la file d'attente n'ont pas beaucoup bougé. Cependant, en bas à droite, on observe un flou, dû à une voiture qui passait juste au moment de la prise.

▶ Autre bon exemple d'exposition longue : un concert. Dans de tels cas, il vaut mieux annuler le flash et maintenir l'appareil le plus droit possible, en espérant que personne ne bougera. Si vous utilisez le flash lors de ces occasions, il est probable que l'on vous exclue du concert (les photographies y sont généralement interdites) ou que vous ne réussissiez qu'à prendre la nuque du spectateur qui se trouve devant vous…

96

◄ Pour prendre la façade éclairée d'un bâtiment, il est nécessaire de placer l'appareil sur un trépied ou un support bien stable, d'annuler le flash et d'utiliser le déclencheur automatique. Pour cet exemple, nous sommes restés sur le mode Lumière du jour pour offrir une apparence plus réaliste à la lumière tungstène qui éclairait la cathédrale.

De nuit, les différents modes de lumière peuvent offrir des résultats très variables. Il est donc conseillé d'effectuer plusieurs essais pour obtenir un résultat satisfaisant.

▶ Tout comme pour la photo précédente, l'appareil a été placé sur un trépied, mais on l'a cette fois réglé en mode Automatique pour éviter qu'il ne convertisse la lumière et les couleurs des éclairages et obtenir ainsi un rendu plus fidèle à la réalité. Le résultat aurait été similaire avec le mode Lumière du jour.

98

▲ Nous avons cherché ici à obtenir une image évoquant
l'atmosphère du bar. L'appareil était posé sur une table.
Sans le flash, les personnages à contre-jour apparaissent
comme de simples silhouettes.

▼ Il vous est certainement arrivé de vouloir
photographier des feux d'artifice.
Dans un tel cas, il est souvent
difficile de figer le bon moment.

◀ L'idéal est d'annuler le flash
et de déclencher l'appareil
quelques secondes avant
que les fusées n'explosent :
il fera une longue exposition
et de cette façon, au moment
où les feux apparaîtront
réellement, toute la photo
sera éclairée.

Avec les expositions
longues, il est possible de
capter tout le parcours
d'une source de lumière,
comme celui de phares
de voitures ou de
feux d'artifice.

99

▶ Pour cette photo, prise à la tombée de la nuit,
l'appareil a été fixé sur un pied et réglé sur le
mode Lumière du jour, avec le retardateur.
Comme il s'agissait d'une exposition longue
et que le crépuscule touchait à sa fin, le ciel
offre des nuances de bleu (il n'est pas noir,
comme il apparaissait à l'œil nu). Le chemin
qui mène au bâtiment est complètement
éclairé par les voitures qui l'empruntaient.

Voici à présent quelques exemples de photographies au flash.

▶ Lorsque vous souhaitez photographier un sujet sans donner d'importance au fond, il est recommandé d'utiliser le flash. C'est le cas de ce cliché pris lors d'un carnaval, où l'on s'intéresse au personnage déguisé sans s'inquiéter du fond. L'appareil a été mis en mode Automatique et s'est chargé seul de déterminer la puissance du flash.

Gardez toujours à l'esprit que ce type d'appareils dispose d'un flash dont le rendement optimal ne dépasse pas trois mètres.

100

◀ ▼ Sur ces deux photographies, prises dans les mêmes conditions que la précédente, les sujets les plus proches sont bien éclairés car ils ne sont pas distants de plus de trois mètres. Les personnages du fond, en revanche, sont plus sombres : ils se trouvent plus loin et le flash ne peut les atteindre.

Enfin, voici des exemples combinant une exposition longue et l'utilisation du flash.

▷ Avec le flash activé mais sans exposition longue, les personnages sont parfaitement éclairés mais les détails du fond sont perdus.

◁ Sur ce cliché, le flash a été annulé pour pouvoir restituer le fond bien éclairé, mais, cette fois, ce sont les personnages qui sont sombres.

▷ Ici, nous avons allié une longue exposition à l'utilisation du flash, l'appareil étant réglé sur le mode Nuit. Comme on peut le constater, la longue exposition permet d'obtenir un fond lumineux et le flash, de bien éclairer les sujets du premier plan.

TRANSFÉRER LES IMAGES SUR UN ORDINATEUR

N'imaginez pas que tout est terminé une fois que vos photos sont prises et stockées dans l'appareil… L'étape suivante consiste à les transférer sur l'ordinateur pour les visualiser, les retoucher numériquement, les envoyer par courrier électronique, les imprimer ou les stocker.

Il existe deux procédés pour transférer vos images sur l'ordinateur. Le premier consiste à le faire directement depuis l'appareil grâce à un logiciel ; c'est le moyen le plus employé généralement offert par tous les appareils.
Comme chaque fabricant propose son gestionnaire de transfert d'images, il en existe un grand nombre, certains plus complexes que d'autres. Ils ont cependant tendance à se simplifier de plus en plus, de manière à ce que, une fois l'appareil connecté à l'ordinateur, un dossier contenant toutes les photographies apparaisse à l'écran.
Vous pouvez alors les copier où vous le désirez.

Ce procédé comprend trois étapes simples :

1 À la première utilisation, installez le logiciel de transfert vendu avec l'appareil.
2 Connectez l'appareil à l'ordinateur.
3 Transférez les images.

Le deuxième procédé de transfert s'effectue par le biais d'un lecteur de cartes mémoires (vendu séparément) que l'on branche à la place de l'appareil. Un bon lecteur de cartes présente l'avantage d'offrir une vitesse de transfert plus rapide qu'avec un appareil numérique. De plus, aucun gestionnaire de transfert n'est employé : il suffit simplement de copier le dossier du lecteur de cartes sur l'ordinateur.

Les étapes à suivre sont à peu près les mêmes qu'avec l'appareil numérique :

1 Installez le logiciel du lecteur de cartes (seulement la première fois).
2 Connectez le lecteur à l'ordinateur.
3 Introduisez la carte.
4 Copiez les images.

103

INTRODUCTION À LA RETOUCHE NUMÉRIQUE

Grâce aux nouveaux systèmes d'impression, de visualisation et de distribution des photos, il ne serait pas exagéré d'affirmer que toutes les photos des publicités, des revues, d'Internet et des médias sont retouchées numériquement.

104

Avant même que la photographie numérique n'ait acquis l'importance et la popularité dont elle jouit aujourd'hui, les images étaient déjà retouchées numériquement. Ces programmes de retouche se sont popularisés dans le milieu de la photographie avant l'explosion des appareils numériques. Il fallait auparavant numériser l'image pour pouvoir la retoucher, une étape qui disparaît lorsque l'on photographie avec un appareil numérique. Autrefois, les photographes du secteur de la publicité devaient être beaucoup plus prudents et exigeants au moment de prendre leurs clichés ; aujourd'hui, grâce aux logiciels de retouche, il est fréquent que ces séances photos ne soient plus qu'une étape comme une autre dans le processus de conception d'une image.

RETOUCHE NUMÉRIQUE

À l'instar des appareils numériques et des ordinateurs personnels, les systèmes d'impression ont eux aussi évolué. Il est souvent nécessaire de convertir ou de changer le format des photos numériques pour obtenir les meilleurs résultats pour chaque type d'impression. C'est aujourd'hui possible avec les programmes de retouche.

C'est pour cette raison que nous sommes de plus en plus bombardés d'images d'une étonnante perfection, qui va bien au-delà des limites imaginables il y a encore quelques années. Mais les programmes de retouche ne servent pas uniquement à changer, à ajouter des éléments à une photographie ou à composer des images surprenantes : c'est aussi le meilleur moyen d'optimiser l'impression ou la diffusion numérique d'un cliché.

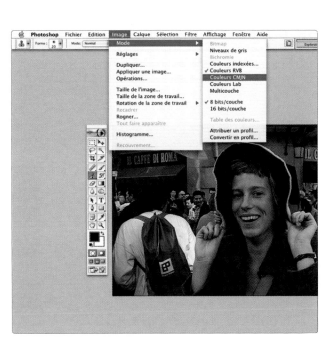

Pour mieux apprécier les possibilités de la retouche numérique, voici plusieurs exercices que vous pourrez appliquer. Il s'agit d'un choix d'options basiques pour s'initier au monde de la retouche et à ses possibilités.

Nous utiliserons pour cela le programme de retouche le plus courant, tant chez les amateurs que chez les professionnels de la photographie : Adobe Photoshop® (dans notre cas, version 7.0) ; certains fabricants en fournissent une version limitée ou ancienne avec leurs appareils numériques. Ce programme propose différents outils et commandes utiles pour réaliser toutes les fonctions de retouche. Ils sont répertoriés sur la photographie ci-dessous car il est important de bien les mémoriser pour savoir où ils se trouvent et mieux les utiliser dans les exercices qui suivent.

105

Barre des menus Elle propose différents menus qui permettent de modifier des paramètres.
Menu déroulant Il permet de sélectionner les options ou tâches que vous souhaitez utiliser.
Barre d'outils Elle sert à sélectionner l'outil que vous voulez employer.
Palettes Elles indiquent l'état de la photo et sont liées à certaines fonctions accessibles par la barre des menus.

LE TRAITEMENT NUMÉRIQUE

Faire une rotation d'image

Généralement, lorsque les appareils numériques prennent une photo verticale, ils ne corrigent pas le sens de l'image. Aussi, quand on l'ouvre pour la visionner sur l'ordinateur, apparaît-elle à l'horizontale et non à la verticale, sens dans lequel elle a pourtant été prise.

▷ **1** Ouvrez la photographie sur votre programme de retouche.

106

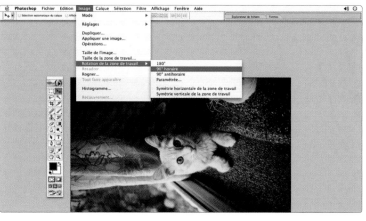

◁ **2** Dans la barre des menus, choisissez le menu *Image,* où vous trouverez l'outil *Rotation de la zone de travail* et les différents sens dans lesquels vous pouvez faire pivoter l'image (180°, 90° horaire – sens des aiguilles d'une montre –, 90° antihoraire – sens inverse des aiguilles d'une montre –, paramètre, symétrie horizontale de la zone de travail et symétrie verticale de la zone de travail).

▷ **3** Choisissez l'option voulue pour corriger l'image.

▶ **4** Une fois la rotation effectuée, vous pouvez l'inverser. Cette possibilité est offerte par le même menu.

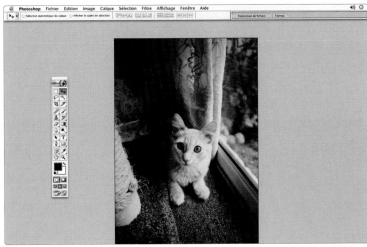

Attention !
Prenez garde aux indices qui permettent de déceler dans quel sens la photographie originale a été prise, comme les lettres ou les chiffres.

◀ **5** Grâce à cette option, l'image obtenue semble être le reflet fidèle de celle d'origine, comme dans un miroir.

Vous obtiendrez alors les images suivantes :

▼ Photo avec symétrie horizontale.

▶ Photo avec une rotation de 90° horaire.

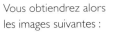
▼ Photo originale.

Modifier la taille de l'image

Il est utile de savoir modifier la taille
de vos photos : il peut en effet se
révéler nécessaire de rendre l'image
plus petite ou plus grande – lorsque
l'on veut l'envoyer par courrier
électronique ou réaliser une
impression à une taille déterminée
par exemple.

▶ **1** Ouvrez la photo dans le
programme de retouche.

◀ **2** Reportez-vous à la barre des
menus, choisissez le menu *Image*,
puis l'option *Taille de l'image*.

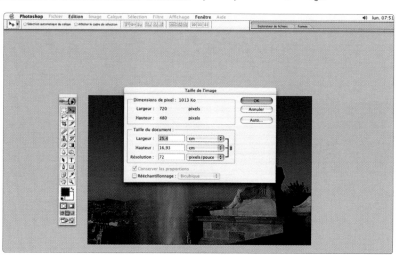

▶ **3** Dans ce menu, différentes
possibilités vous sont proposées : vous
pouvez tout d'abord changer la taille en
cochant *Rééchantillonnage*, pour obtenir
une taille différente mais proportionnée.

▶ **4** Une fois cette option sélectionnée, modifiez la résolution de l'image. Vous remarquerez que, en changeant cette résolution, la taille change automatiquement.

Certains programmes proposent une réduction de taille automatique des images pour l'envoi par courrier électronique.

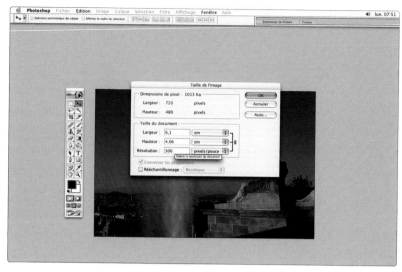

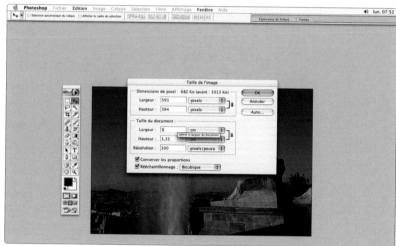

◀ **5** On peut modifier la taille sans modifier la résolution, en cochant *Conserver les proportions*. La taille pourra ainsi être changée sans que la résolution le soit.

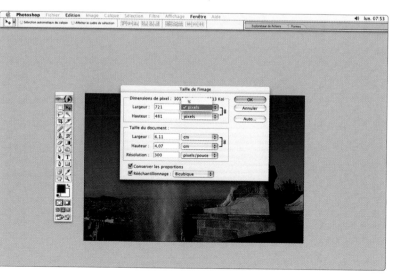

▶ **6** La troisième manière d'effectuer ce changement de taille passe par l'utilisation des pourcentages : cliquez sur le menu *Pixels* et choisissez *Pourcentage (%)*.

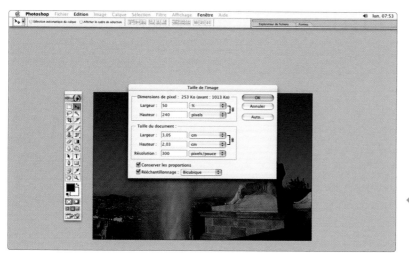

◀ **7** En changeant le pourcentage,
vous vous rendrez compte,
là aussi, que la taille change
mais pas la résolution.

En combinant ces possibilités,
vous pouvez modifier la taille de votre
image à volonté, mais souvenez-vous
que l'augmentation de la taille
ou de la résolution peut aussi affecter
la qualité de votre photo.
C'est pourquoi il est recommandé
de perdre le moins de qualité
possible. Ce qui nous donne :

▶ Une image au format d'origine.

◀ Une image réduite prête à être envoyée
par courrier électronique.

Convertir en niveaux de gris

Si certains appareils numériques
permettent de prendre des photos
en niveaux de gris, beaucoup d'images
prises en couleurs sont également
intéressantes en noir et blanc.
Vous allez vous apercevoir que
cette conversion n'est pas difficile.

▶ **I** Ouvrez la photographie dans
votre programme de retouche.

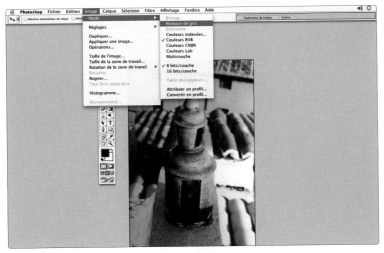

◀ **2** Reportez-vous à la barre des menus,
sélectionnez le menu *Image* et
choisissez l'option *Niveaux de gris*.

▶ **3** L'image passe alors de la
couleur au noir et blanc.

111

▸ **4** Enregistrez l'image.

Attention !
Pour ne pas perdre
l'image originale, il est
impératif d'utiliser
la commande
Enregistrer sous.

Sur les deux exemples ci-dessous,
couleur et noir et blanc offrent tous
deux des résultats intéressants.

◂ Photo d'origine en couleurs.

▸ Photo convertie
en niveaux de gris.

Apporter luminosité et contraste

Il arrive parfois que les clichés ne présentent pas assez de luminosité ou de contraste par rapport à la scène photographiée, ce qui les rend un peu ternes. Voici comment résoudre ce problème.

▷ **I** Ouvrez la photo dans votre programme de retouche

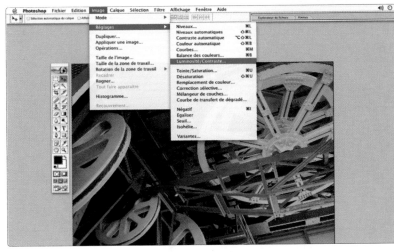

Certains programmes proposent des réglages très pratiques de luminosité et de contraste automatiques.

◁ **2** Dans la barre des menus, choisissez le menu *Image* puis l'option *Luminosité/Contraste*.

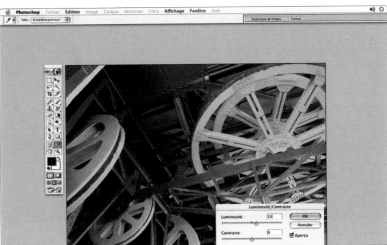

▷ **3** Ajustez la luminosité désirée.

113

◀ **4** Si la photo demeure un peu trop claire, comme délavée, apportez-y plus de contraste en sélectionnant le menu *Image* dans la barre des menus, puis les options *Réglages* et enfin *Luminosité/Contraste*.

◀ **5** Augmentez le contraste jusqu'à obtenir des couleurs plus marquées.

Les images où lumière et contraste sont insuffisants ne sont pas nécessairement ratées. Certaines, comme le montre notre exemple, peuvent être retouchées pour obtenir un bon résultat. On dispose alors :

▲ De la photo d'origine.

▲ De la photo avec un contraste et une luminosité modifiés.

Convertir en couleurs (RVB) une image en niveaux de gris

Tout comme il est possible de faire
passer une image de la couleur
aux niveaux de gris, il est possible de
convertir en couleurs une image
qui est en niveaux de gris. Votre photo
ne retrouvera pas ses couleurs
d'origine pour autant, mais il vous sera
possible d'y apporter des modifications
en gamme RVB afin d'obtenir
des résultats différents.

▶ **1** Ouvrez votre photo
en niveaux de gris dans le
programme de retouche.

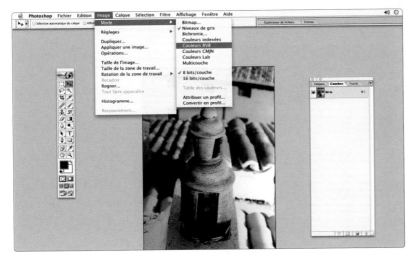

◀ **2** Reportez-vous à la barre des menus,
sélectionnez le menu *Image* et choisissez
le mode *Couleurs RVB*.

▶ **3** Vous disposez à présent
de trois couches de couleur
dans votre palette.

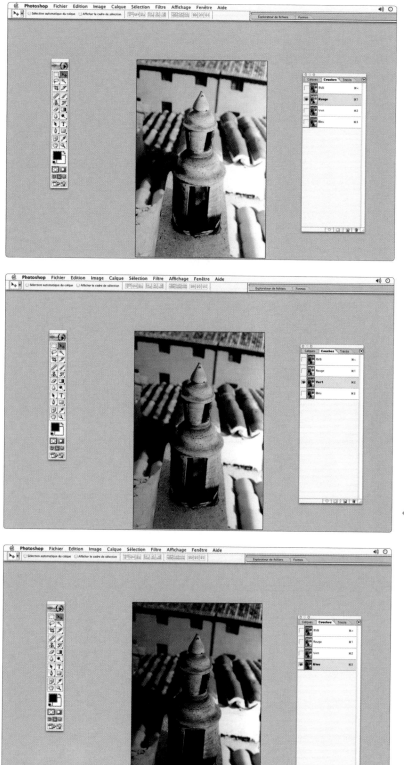

4 Si vous choisissez la couche rouge et que vous apportez n'importe quelle modification sur la balance des couleurs, vous vous apercevrez que seule la gamme des rouges est modifiée.

RVB sont les initiales d'un système basé sur les couleurs de la lumière et qui signifient rouge, vert et bleu. C'est le système employé par les moniteurs d'ordinateurs et les téléviseurs.

5 Il en va de même avec la gamme des verts...

6 ...et celle des bleus.

116

◄ Photo
originale
en niveaux
de gris.

▶ Photo dans
la gamme
des rouges.

◄ Photo dans
la gamme
des verts.

▶ Photo dans
la gamme
des bleus.

Convertir une image en mode CMJN

Si l'on peut convertir le mode
Couleurs en niveaux RVB
ou en niveaux de gris, on peut
également passer en mode CMJN
(cyan, magenta, jaune et noir).
Cela peut se révéler utile
dans certaines situations,
notamment si vos images
sont destinées à être imprimées
en quatre couleurs (CMJN).

▸ **1** Ouvrez la photo en niveaux de gris ou
en RVB dans le programme de retouche.

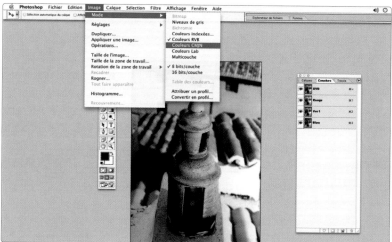

◀ **2** Reportez-vous à la barre
des menus, sélectionnez le menu
Image et choisissez le mode
Couleurs CMJN.

◀ **3** Vous disposez à présent
des quatre couches CMJN
dans votre palette.

118

▶ **4** Si vous choisissez la couche de cyan et que vous y apportez quelque modification que ce soit, comme sur la balance des couleurs, vous ne modifierez que la gamme des cyans.

119

◀ **5** Il en va de même avec la gamme des magentas.

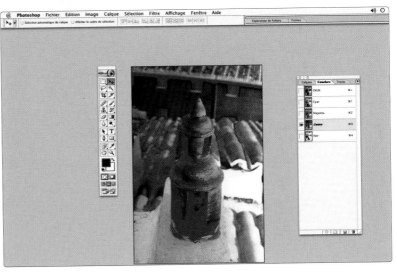

▶ **6** …avec celle des jaunes…

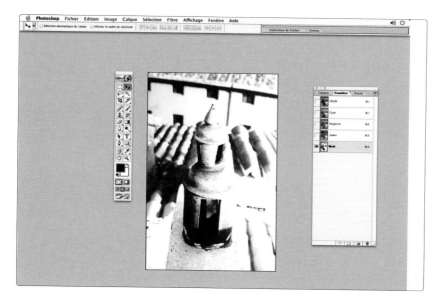

◄ **7** ... et enfin avec le noir.

N'oubliez pas de sauvegarder votre travail chaque fois que vous apportez un changement définitif à votre image. Pour enregistrer, passez par le menu *Fichier*.

On peut ici distinguer les différentes couches qui composent le mode CMJN.

CMJN sont les initiales de cyan, magenta, jaune et noir. Il s'agit de la gamme de couleurs utilisée dans l'univers de l'impression.

▶ Photo d'origine en niveaux de gris.

◀ Photo dans
la gamme
du cyan.

▶ Photo dans
la gamme
du magenta.

◀ Photo dans
la gamme
du jaune.

▶ Photo dans
la gamme
du noir.

Balance des couleurs

Il arrive parfois que l'on ne sélectionne
pas le mode de lumière adapté et
que l'on s'en rende compte trop tard
– ou que l'on souhaite tout simplement
faire des retouches de couleur
créatives. Pour cela, on peut utiliser
les options suivantes :

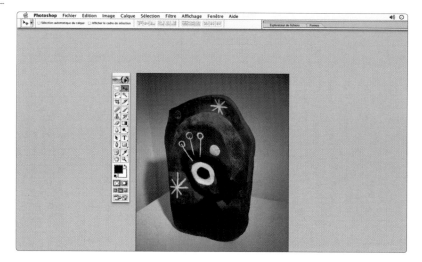

▶ **1** Ouvrez votre photo dans
le programme de retouche.

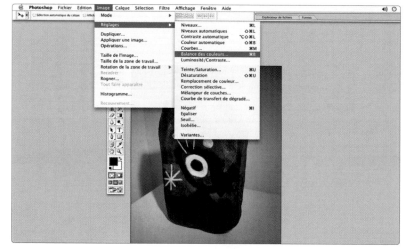

122

◀ **2** Choisissez le menu *Image*
dans la barre des menus puis
l'option *Réglages-Balance des
couleurs*.

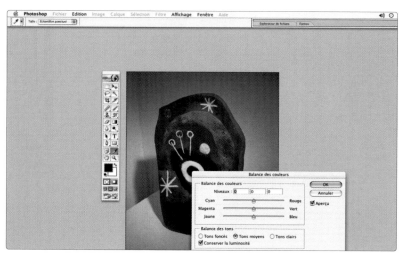

▶ **3** La commande de balance
des couleurs apparaît.

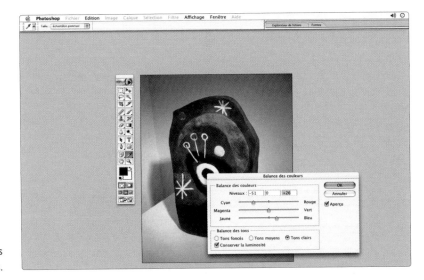

▶ **4** Apportez les
modifications souhaitées.

Dans cet exemple concret,
le mode Lumière tungstène
n'a pas été employé dans
le musée. Il a donc fallu
compenser en ajoutant
des tons cyan et bleus.

▲ Photo corrigée.

◀ Photo d'origine sans correction.

Ajouter un cadre à une photo

Si vous souhaitez ajouter un cadre
autour de vos photos pour une
meilleure présentation, voici les
étapes à suivre :

▷ **1** Ouvrez votre photo dans
le programme de retouche.

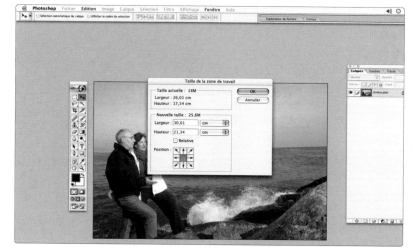

◁ **2** Dans le menu *Image*, sélectionnez
l'option *Taille de la zone de travail*
et augmentez les proportions
pour atteindre la taille voulue pour
l'encadrement ; cela n'altérera pas
la taille de l'image mais concernera
seulement celle de la zone de travail.

▷ **3** Vous verrez alors apparaître une marge
blanche autour de l'image. Elle détermine
la taille du cadre souhaité.

▶ **4** Si vous souhaitez un cadre plus personnalisé, choisissez l'outil *Baguette magique* dans la palette d'outils et cliquez sur le blanc du cadre.

125

◀ **5** Après avoir effectué cette sélection, faites un *Copier/coller* pour faire apparaître une seconde couche pour le cadre.

▶ **6** Puis, dans le menu *Fenêtre*, reportez-vous à l'option *Styles*, sélectionnez celui qui vous plaît le plus et faites-le glisser sur la couche du cadre. Allez ensuite dans le menu *Calque*, choisissez-y l'option *Aplatir l'image* et enregistrez-la.

Il est possible de créer très facilement une infinité de cadres qui amélioreront vos présentations, notamment si vos photos sont destinées à être offertes.

◀ Photo d'origine sans cadre.

Voici quelques idées qui pourront vous servir de sources d'inspiration.

Sous-exposer et surexposer

Il est fréquent, lorsque l'on prend une photo, qu'apparaissent des zones de lumière trop intense ou d'ombre trop marquée. Dans ce type de situations, il est possible de retoucher l'image en la sous-exposant ou en la surexposant selon ses besoins :

▸ **1** Ouvrez votre image dans le programme de retouche.

◂ **2** Dans la barre d'outils, choisissez l'option *Densité* –, puis celle de *Taille de pinceau* et d'*Exposition* dans le menu déroulant.

▸ **3** Reportez-vous à la zone que vous souhaitez éclaircir et travaillez-la jusqu'à ce que le résultat vous convienne.

◀ **4** Dans la barre d'outils, cliquez sur l'option *Densité*.

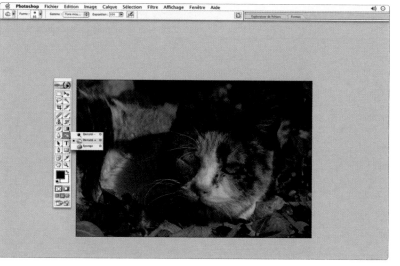

▶ **5** Choisissez l'outil *Densité +*, ainsi que la taille du pinceau et l'exposition dans les options.

◀ **6** Travaillez la zone qui vous intéresse.

Veillez à ne pas
trop sous-exposer
ou surexposer, car cela
pourrait donner un aspect
délavé et sans contraste
à l'image ou l'inverse.

◄ Photo d'origine.

▶ Photo avec retouche de
surexposition et sous-exposition.

Teinte et saturation

Toutes les photographies en couleurs
disposent d'une gamme préétablie,
comme les gammes RVB ou CMJN.
Dans certains cas, il se peut que vous
souhaitiez changer une couleur
particulière de votre cliché. Pour cela :

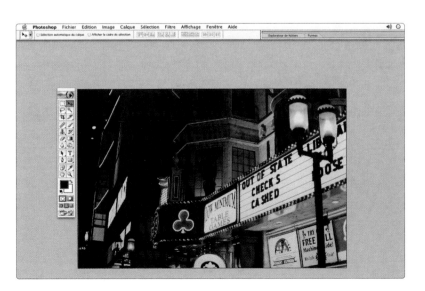

▶ **1** Ouvrez votre photo dans
le programme de retouche.

◀ **2** Dans la barre des menus, choisissez le menu *Image* et sélectionnez l'option *Réglages-Teinte/Saturation.*

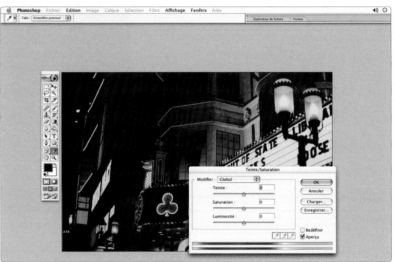

▶ **3** Une fenêtre de variation apparaît.

◀ **4** Dans la partie supérieure de cette fenêtre, allez dans *Modifier* et choisissez l'option *Global.*

▷ **5** Effectuez une modification et vous vous apercevrez que toutes les couleurs de la photographie ont changé.

Cette option peut également contribuer à rendre plus froide une image chaude. La seule chose à faire est de réduire la saturation des teintes jaunes et rouges.

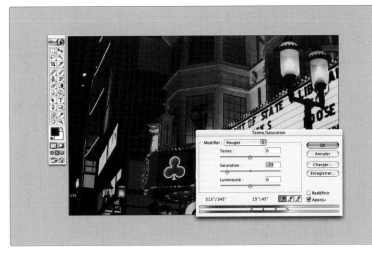

◁ **6** Répétez cette opération, mais en sélectionnant cette fois les rouges et en effectuant une variation : seuls les rouges sont modifiés.

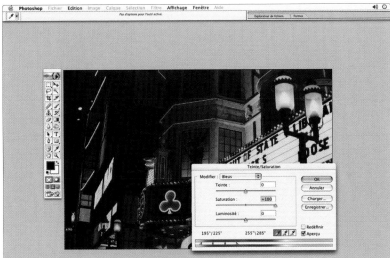

▷ **7** Répétez cette opération, mais en sélectionnant cette fois les bleus et en effectuant une variation : cette fois, seuls les bleus sont concernés.

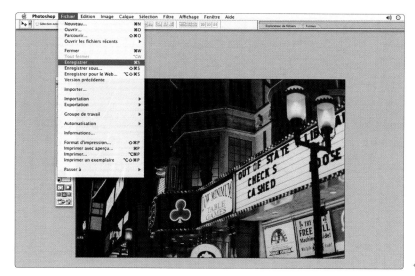

Il est aussi possible
de faire ressortir
une couleur en particulier
et de la saturer davantage
– par exemple, lorsque
l'on souhaite accentuer
le bleu d'un ciel.

◀ **8** Enregistrez les changements.

Vous pouvez observer que vous n'intervenez que sur les couleurs qui vous intéressent.

▸ Photo d'origine.

◀ Intervention sur toutes les couleurs.

▷ Intervention sur les rouges.

◁ Intervention sur les bleus.

133

Variantes

En plus de la manière sélective de modifier les couleurs d'une photo, vous pouvez aussi réaliser des variations d'une seule et même couleur sur toute l'image de la manière suivante :

▷ **I** Ouvrez votre photo dans le programme de retouche.

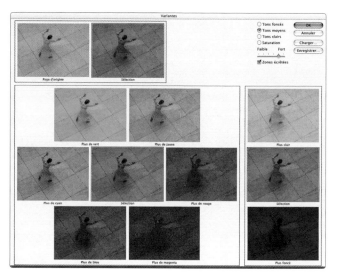

◀ **2** Dans la barre des menus, sélectionnez le menu *Image* et choisissez l'option *Réglages-Variantes*.

▶ **3** Une palette graphique apparaît, dans laquelle il suffit de cliquer sur la couleur que vous voulez apporter à la photo. Ici, nous avons d'abord choisi une teinte rouge.

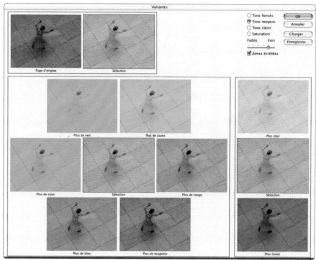

◀ **4** À partir de cette photo colorée en rouge, appliquez le cyan.

▶ **5** Une fois que la photo affiche les couleurs souhaitées, il est possible de l'éclaircir ou de l'assombrir – nous avons choisi ici de l'assombrir.

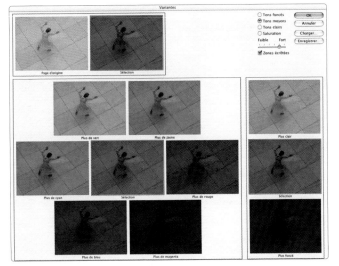

Grâce à ce menu, on peut obtenir des photos aux tons très variés. Il faut pour cela se familiariser avec les combinaisons des diverses variantes, mais aussi avec l'éclaircissement ou l'assombrissement d'une image.

▲ Image d'origine.

▲ Variante vers le rouge.

▲ Variante du rouge au cyan.

▲ Même variante de cyan, cette fois assombrie.

135

Coloriser

La retouche numérique
vous permet également
de coloriser des photos
en noir et blanc pour
obtenir facilement des
résultats amusants.
Il vous suffit simplement
de suivre les étapes
suivantes :

▸ **1** Ouvrez ou convertissez votre
photo en niveaux de gris avec
le programme de retouche.

◂ **2** Sélectionnez le sujet avec l'outil
Lasso que vous trouverez dans
la barre d'outils.

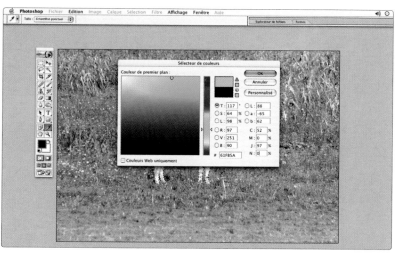

▸ **3** Dans cette même barre,
choisissez la couleur que vous
utiliserez grâce à l'outil
Sélecteur de couleur.

Gardez toujours à l'esprit
que pour dessiner
ou coloriser, différents outils
sont à votre disposition.
Il suffit simplement de choisir
celui qui vous convient
le mieux.

▸ **4** Comme on colore d'abord le fond,
la sélection doit être inversée :
dans la barre des menus,
choisissez le menu *Sélection*,
puis l'option *Intervertir*.

◂ **5** Le fond étant à présent réservé,
il est possible de le colorer
librement sans avoir à craindre
de toucher la vache.

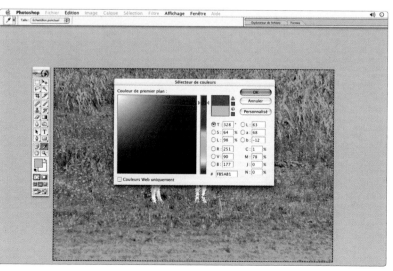

▸ **6** Une fois que le fond
est coloré, sélectionnez la
couleur destinée à la vache
avec le *Sélecteur de couleurs*.

7 Il vous faut alors inverser de nouveau la sélection pour isoler la vache. Allez dans le menu *Sélection* pour y choisir l'option *Intervertir*.

8 Colorez la vache avec la teinte choisie.

▲ Photo d'origine.

▲ Photo colorisée.

Remplacer une couleur

Voici à présent comment remplacer une couleur par une autre. Vous pourrez ainsi prendre des photos d'objets ou de situations présentant certaines couleurs, puis les remplacer facilement par d'autres et obtenir une image plus intéressante.

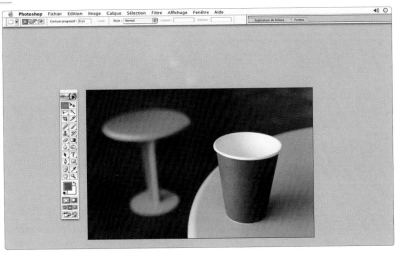

▸ **1** Ouvrez votre photo dans le programme de retouche.

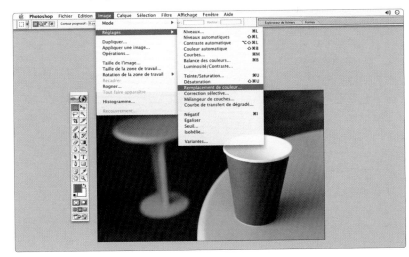

◂ **2** Dans la barre des menus, sélectionnez le menu *Image* et choisissez l'option *Réglages-Remplacement de couleur.*

▸ **3** Une palette apparaît, avec un sélecteur de couleurs qui permet de choisir celle que vous souhaitez remplacer. Dans cet exemple, nous avons choisi le jaune de la table.

◀ **4** Dans la palette, modifiez la couleur choisie en variant les commandes de *Teinte*, *Saturation* et *Luminosité*. Ici, la couleur de la table passe du jaune au bleu.

▶ **5** La même opération est répétée pour changer la couleur du gobelet.

◀ **6** La modification est appliquée.

Comme vous pouvez le constater, il s'agit d'une seule et même photographie, mais avec des résultats complètement différents.

▶ Photo d'origine.

Choisissez le mieux possible vos couleurs et assurez-vous qu'elles se marient bien.

141

◀ Photo dont les couleurs ont été remplacées.

Montage

L'un des grands avantages offerts par le numérique est la possibilité de combiner plusieurs photos sur ordinateur en prenant les éléments de l'une pour les intégrer à une autre, afin de créer des images originales et amusantes.

▶ I Ouvrez la photo n° I dans le programme de retouche.

Il est important que les sujets des photos choisies soient bien délimités afin de faciliter leur sélection.

◄ **2** Dans la barre d'outils, choisissez l'outil *Lasso*.

▶ **3** Détourez la totalité de l'étoile de mer.

◄ **4** Dans la barre des menus, choisissez le menu *Édition*, option *Couper*.

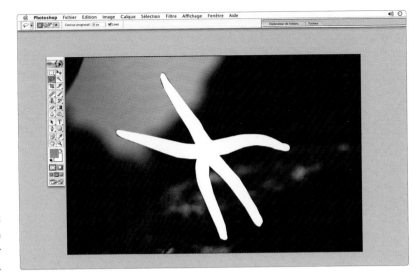

▶ **5** Le motif disparaît, mais l'ordinateur le garde en mémoire pour pouvoir ensuite le coller ailleurs.

143

◀ **6** Ouvrez à présent la photo n° 2 avec le programme de retouche.

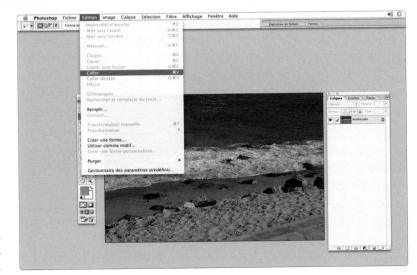

▶ **7** Dans la barre des menus, choisissez le menu *Édition*, option *Coller*.

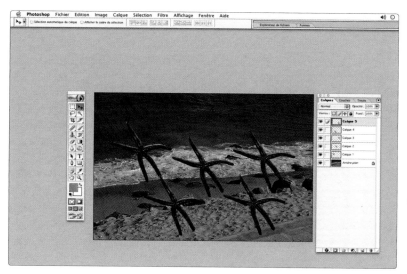

◀ **8** L'opération de collage est répétée pour obtenir le nombre voulu d'étoiles de mer. Pour chaque étoile collée, un nouveau calque apparaît dans le programme d'édition.

▶ **9** Dans la photo n° 1, l'étoile de mer occupe quasiment toute l'image. Il faut donc réduire la taille de ses copies dans la photo n° 2. Cliquez sur le menu *Édition*, option *Transformation-Homothétie* dans le menu déroulant, puis répétez cette opération pour chaque étoile ou calque.

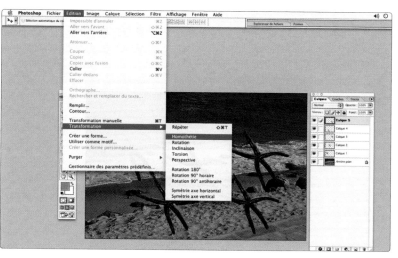

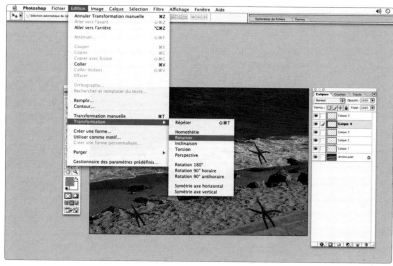

◀ **10** Pour que toutes les étoiles ne soient pas dans le même sens, vous pouvez en retourner et en incliner quelques-unes. Pour cela, allez dans la barre des menus, sélectionnez le menu *Édition*, option *Transformation-Rotation*.

▶ **11** Répartissez les étoiles sur la plage avec l'outil *Déplacement*, que vous trouverez dans la barre d'outils. Si vous le souhaitez, vous pouvez faire encore plus de retouches avec l'outil *Tampon*, comme nous l'avons fait pour l'étoile qui touche l'eau. Pour pouvoir déplacer un objet quand on a plusieurs calques, il faut s'assurer d'être sur le bon calque pour que l'opération soit visible.

▶ **12** Une fois toutes les étoiles à leur place, il faut réunir tous les calques utilisés avec l'option *Aplatir l'image* du menu *Calque*.

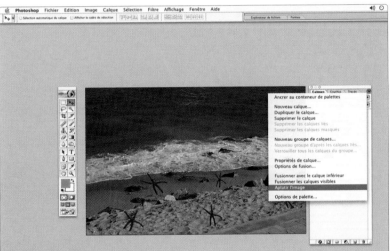

Il s'agit là d'un exemple simple de la manière d'ajouter des éléments à une scène en se servant de deux photos.

◀ Photo n° 1.

▶ Photo n° 2.

◀ Photo composée.

Attention !
N'aplatissez pas
les calques sans
vous être au préalable
assuré que tous
les éléments étaient
bien à leur place définitive.

Retoucher une image

Il arrive fréquemment que des
éléments indésirables dénaturent les
scènes ou les paysages photographiés.
Il existe dans ce cas une solution
pour nettoyer l'image :

▶ 1 Ouvrez votre photo dans
le programme de retouche.

▶ 2 Choisissez l'outil *Tampon*
dans la barre d'outils.

▶ **3** Commencez par retoucher la partie supérieure, où se trouve l'antenne. Comme vous n'aurez pas à vous soucier de détails, sélectionnez un pinceau large.

◀ **4** Copiez la partie du ciel la plus proche de l'antenne.

▶ **5** Passez le pinceau sur l'antenne pour l'éliminer.

147

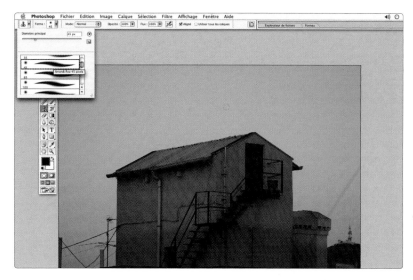

◀ **6** Choisissez un pinceau plus fin pour la partie inférieure de l'antenne : il vous faudra en effet éviter plus d'éléments.

▶ **7** Copiez les parties du toit et du mur qui vous intéressent et reportez-les soigneusement aux endroits désirés.

◀ **8** Choisissez de nouveau un pinceau large pour éliminer les fils électriques du fond.

▶ **9** Copiez la partie du ciel la plus proche des fils et effacez-les.

◀ **10** Retouchez précisément l'ombre de droite, le seau en haut de l'escalier et la gouttière du mur de gauche sur l'image.

149

Une fois retouchée, on constate que l'image est beaucoup plus forte. Les fils électriques, l'antenne et les autres éléments étaient de trop et ne faisaient qu'encombrer l'image.

◀ Photo d'origine.

▶ Photo retouchée.

Distorsions

Les programmes de retouche offrent
des outils de plus en plus performants,
qui permettent de créer des images
parfois surprenantes.
Voici un exemple amusant réalisé
à partir d'un portrait.

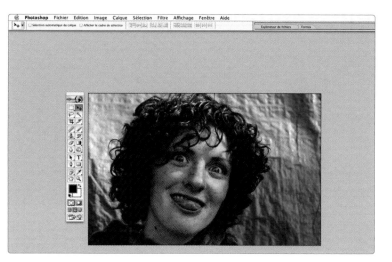

▶ **1** Ouvrez votre image dans
le programme de retouche.

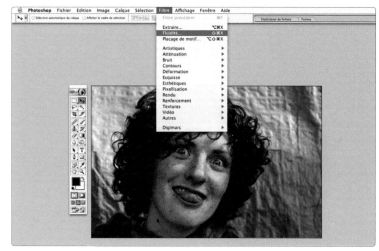

◀ **2** Dans la barre des menus,
choisissez le menu *Filtre*,
option *Fluidité*.

▶ **3** La photo apparaît dans une autre
fenêtre avec des commandes
et une nouvelle barre d'outils.

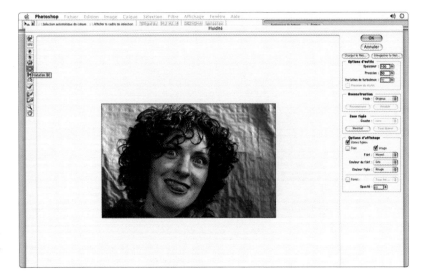

▸ **4** Dans cette nouvelle barre
d'outils, sur la gauche de
l'écran, choisissez *Gonfler*.

◂ **5** Une fois cet outil sélectionné,
placez-le sur le nez et utilisez-le
jusqu'à obtenir l'effet souhaité.

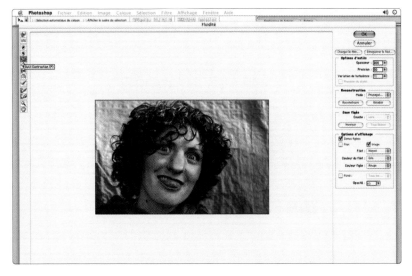

▸ **6** Choisissez l'outil
Dégonfler.

◀ **7** Appliquez-le
sur les yeux.

152

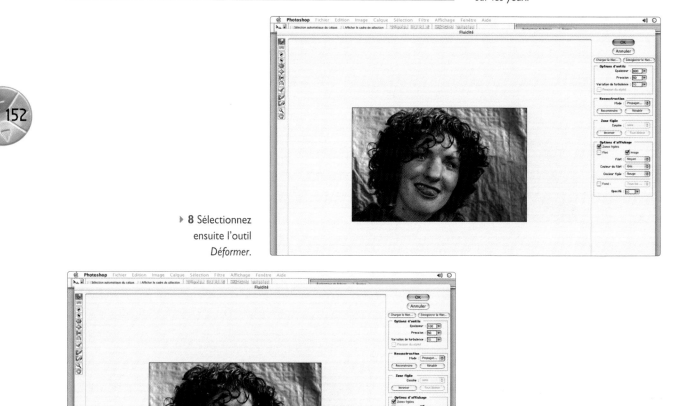

▶ **8** Sélectionnez
ensuite l'outil
Déformer.

◀ **9** Appliquez-le sur la bouche
jusqu'à obtenir l'effet désiré.

Les résultats sont tout à fait
surprenants. Lorsque vous maîtriserez
parfaitement ces effets, il vous sera
possible de les appliquer à toutes
vos photos, quel qu'en soit le sujet.

▶ Photo d'origine.

◀ Photo déformée.

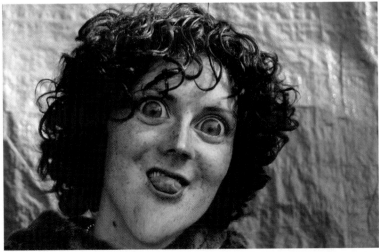

▶ Photo déformée à l'inverse
de la précédente : les yeux ont
été gonflés, le nez dégonflé
et la bouche, déformée
vers l'intérieur plutôt
que vers le haut.

THÈME **4** COMMENT ARCHIVER LES PHOTOS NUMÉRIQUES ?

L'un des grands inconvénients de la photographie argentique, c'est qu'une fois les photographies développées, il faut trouver un endroit pour ranger les négatifs, les diapositives ou les photos finales elles-mêmes. Le plus souvent, tout cela finit par se disperser…
Lorsque vous ne disposez pas d'assez de temps ou de patience pour archiver ou classer vos photographies dans de bonnes conditions, vous risquez d'avoir plus tard beaucoup de mal à retrouver certains négatifs, souvent mélangés et en mauvais état.

Au-delà du facteur temps, il faut également prendre en compte l'espace que cela représente, documents bien rangés ou non. Si vous prenez des photos régulièrement, il vous faudra rapidement un espace dont vous ne disposez peut-être pas...

… et dont vous n'aurez pas besoin avec les photos numériques, et ce même si vous preniez une photo à chaque seconde de votre existence ! En effet, les images numériques sont enregistrées et stockées sur des supports tels que disques durs, CD ou DVD, et occupent ainsi un espace infiniment inférieur à celui qu'exigent les photos argentiques.

Il existe aujourd'hui un grand nombre de logiciels destinés à gérer et à classer les images numériques de façon rapide, simple et efficace.

Vous pouvez ainsi savoir où se trouvent vos photographies, la date à laquelle elles ont été prises et quelles sont leurs caractéristiques.

Dans ce chapitre, vous apprendrez à créer un dossier numérique, à classer vos photos et à les stocker de façon efficace, pour toujours savoir où se trouve chacune d'entre elles. Vous apprendrez aussi à diffuser vos images sur Internet, facilement et gratuitement, par le biais des services offerts par certains grands portails.

LES PROGRAMMES DE GESTION DES IMAGES

Voyons tout d'abord comment créer un nouveau dossier d'archives de photos numériques. Le logiciel Photostation a été créé spécifiquement pour l'archivage et la gestion d'images numériques mais il existe bien d'autres logiciels sur le marché, qui donnent également de très bons résultats en termes d'archivage photographique. Beaucoup d'appareils numériques proposent même des programmes de gestion d'images qui répondent aux exigences minimales d'un classement efficace.

Assurez-vous que le logiciel offre les fonctions développées dans l'exercice suivant :

▼ I Lancez le logiciel de gestion des images sur votre ordinateur.

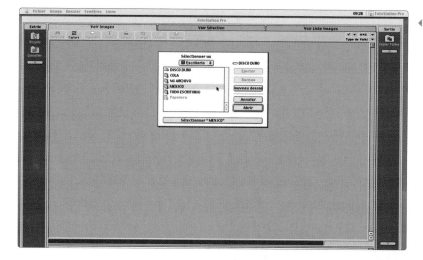

◀ **2** Une fois le logiciel ouvert, sélectionnez le dossier contenant les images que vous souhaitez archiver. Dans ce cas, nous avons choisi *Mexico*.

▶ **3** Observez la manière dont les images ont été chargées dans le logiciel, l'affichage du dossier d'origine dans la barre de gauche et le numéro attribué à chaque image par l'appareil au moment de la prise de la photo.

◀ **4** Vous allez pouvoir renuméroter les images selon vos préférences, pour faciliter de prochaines recherches. Pour cela, sélectionnez toutes les images dans le menu *Image*, option *Marquer toutes les images*.

▸ **5** Les images
sélectionnées
apparaissent
en surligné.

◂ **6** Pour les renommer,
reportez-vous au menu
Image, option *Renommer
images*. Sélectionnez
toutes les images que
vous souhaitez archiver.

157

▸ **7** Une fenêtre *Renommer* apparaît, dans
laquelle vous inscrirez le chiffre à partir
duquel vous allez commencer votre
numérotation. Dans ce logiciel, il est
nécessaire d'activer l'option permettant
d'ajouter un chiffre à chaque photo
renumérotée. Ici, nous avons commencé
au chiffre 0002287 : il s'agit du dernier
numéro du précédent dossier déjà
archivé. Trois zéros précèdent le numéro
pour que l'ordinateur travaille toujours
avec les mêmes chiffres sans mélanger
la numérotation lorsque les archives
seront devenues plus importantes.
Appliquez ensuite la numérotation
en cliquant sur *OK tout*.

◀ **8** Toutes les photos sont désormais renumérotées selon l'archivage souhaité.

▶ **9** Il vous faut maintenant remplir les champs de texte pour classer les photos et pouvoir effectuer les recherches *a posteriori*. Une fois toutes les images sélectionnées, reportez-vous au menu *Image*, option *Appliquer texte aux images*.

◀ **10** La fenêtre *Appliquer le texte à toutes* apparaît. Dans le champ intitulé *Titre de l'image*, tapez le nom que vous souhaitez donner à toutes les images de ce dossier – ici : *Mexico*. Cliquez ensuite sur *OK* ; toutes les images du dossier *Mexico* sont désormais regroupées sous ce nom.

▶ **11** Pour vous en assurer, choisissez n'importe quelle image du dossier et cliquez sur *Légende* : le texte déterminé y apparaît. Pour l'instant, un premier niveau de classement a été créé, qui permet de chercher les images de *Mexico*.

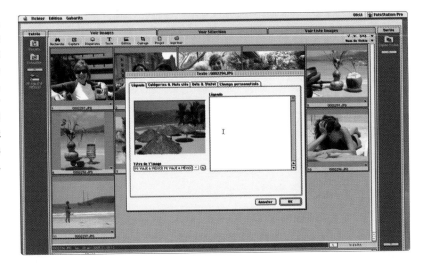

Si vous voulez obtenir un classement plus complet afin d'effectuer des recherches plus précises, il est possible de créer un deuxième niveau.

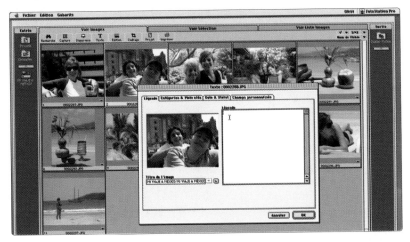

◀ **12** Sélectionnez l'image ou le groupe d'images auxquelles vous souhaitez ajouter plus de texte. Faites apparaître la fenêtre *Légende* en cliquant sur l'onglet *Légende* : le champ *Titre de l'image* y est déjà complété.

159

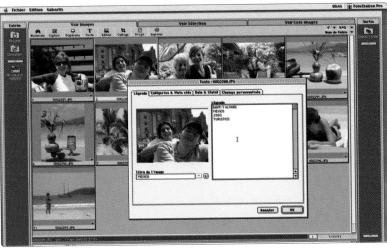

▶ **13** Dans le champ *Légende*, saisissez maintenant toute l'information que vous souhaitez ajouter : dates, noms, lieux et mots-clés qui permettront ensuite de retrouver cette photo.

14 Continuez avec toutes les photos que vous souhaitez classer, en répétant toujours la même opération.

N'oubliez pas de faire apparaître des mots-clés pour faciliter vos recherches. Les programmes d'archivage admettent généralement n'importe quel mot comme référence.

15 Vous pourrez ainsi retrouver une photo en la recherchant par le biais de tout mot saisi dans le champ *Légende*. Pour le vérifier, reportez-vous à *Recherche* et saisissez un terme attribué à l'une de vos photos. Nous effectuons ici une recherche avec le mot « Alvaro ». Cliquez ensuite sur *Rechercher*.

16 La recherche propose une seule photo : celle à laquelle le nom « Alvaro » a été attribué.

▶ **17** Une fois saisies toutes les données du dossier incluant vos dernières prises de vue (dans ce cas, celui de *Mexico*), vous pouvez rassembler ces photos avec toutes celles prises précédemment. Ne craignez pas de les mélanger : elles sont désormais différenciées grâce aux numéros (0002287 et suivants), au nom (Mexico) et aux légendes qui les personnalisent (Santi ou Alvaro...). Pour réaliser cette opération, le dossier contenant toutes vos précédentes photos doit être ouvert. Dans le cas de ce logiciel, vous devez cliquer sur l'onglet *Dossier de destination* situé sur la partie supérieure droite de l'écran pour faire apparaître la fenêtre *Copier Fichier*, dans laquelle vous choisirez le dossier de destination.

Nous sélectionnons ici le dossier « Mes Archives », qui contient toutes les photos prises avant *Mexico*. Il faut s'assurer que toutes celles du dossier *Mexico* sont bien sélectionnées avant de cliquer sur *OK tout*.

◀ **18** Comme vous pouvez l'observer en ouvrant le dossier vers lequel les photos ont été envoyées – dans ce cas « Mes Archives » –, les photos apparaissent directement après les précédentes grâce à la numérotation consécutive qui leur a été attribuée.

▶ **19** Pour retrouver ces photos, il vous suffit d'utiliser l'option *Recherche* dans *Mexico*.

161

◀ **20** Vous remarquez
que la recherche ne propose
alors que les photos
de cette série.

162

▶ **21** Si vous souhaitez rechercher
une photo en particulier dans
le dossier « Mes Archives »,
par exemple celle comportant le
texte personnalisé « Alvaro »...

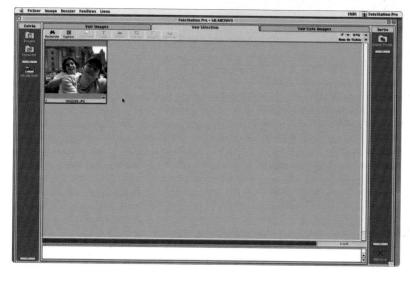

◀ **22** ... la recherche ne
vous propose que le cliché
comprenant ce texte.

Étudions à présent les moyens existants pour envoyer des photographies numériques aux amis ou à des personnes éloignées, en profitant des services gratuits proposés par certains grands portails Internet. Ceux-ci permettent en effet de mettre en ligne quelques-unes de vos photographies. Le site de Yahoo (www.yahoo.com) illustrera ici ce type de services (sachez qu'il vous faut obligatoirement ouvrir un compte de courrier électronique sur ces portails pour pouvoir disposer du service « Porte-documents »).

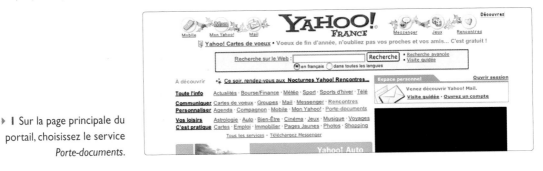

▸ **1** Sur la page principale du portail, choisissez le service *Porte-documents*.

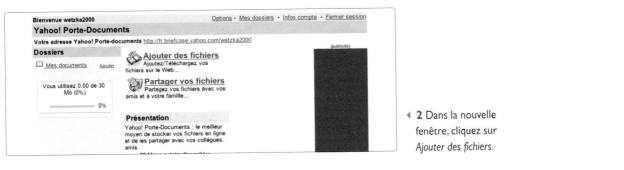

◂ **2** Dans la nouvelle fenêtre, cliquez sur *Ajouter des fichiers*.

▸ **3** Dans la fenêtre suivante, créez un dossier pour les photos que vous souhaitez partager – par exemple ici le dossier intitulé *Mexico*, que nous sélectionnons. Pour continuer, cliquez sur *Valider*.

◂ **4** Un menu apparaît dans lequel vous devrez choisir, photo par photo, toutes celles que vous voudrez mettre en ligne en cliquant sur *Parcourir*.

163

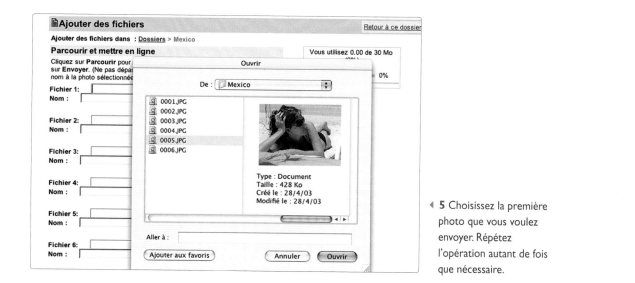

◀ **5** Choisissez la première photo que vous voulez envoyer. Répétez l'opération autant de fois que nécessaire.

▶ **6** Une fois sélectionnées toutes les images que vous voulez partager, cliquez sur *Envoyer*.

◀ **7** Toutes les photos chargées sur la page Internet apparaissent alors. Le portail disposant d'un espace limité pour les fichiers chargés, un indicateur est situé en bas à droite pour faire apparaître l'espace utilisé et l'espace encore disponible. Dans notre cas, nous avons utilisé 4,79 Mo sur les 30 Mo disponibles.

▶ **8** Une fois ajoutés tous les fichiers, il faut déterminer avec qui vous souhaitez les partager. Revenez au menu principal du *Porte-documents*, où apparaît désormais le dossier *Mexico*. Cliquez sur *Partager vos fichiers*.

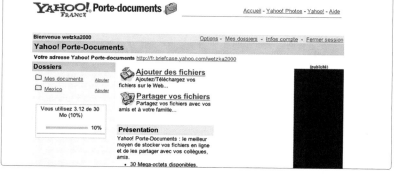

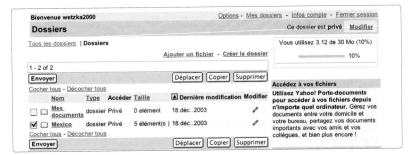

▶ **9** Choisissez sur l'écran le dossier que vous souhaitez partager, ici *Mexico*, puis cliquez sur *Ajouter*.

Envoi de fichiers par email   Retour à ce dossier

Envoyer un e-mail à vos amis et à votre famille pour leur faire découvrir vos documents en ligne.
Si vous souhaitez partager plus d'un porte-documents, voici les explications.

Expéditeur maria

À Indiquer les adresses e-mail (10 maximum) en les séparant d'une virgule ou d'un espace.
mariahr2@excite.com

Extraire de mon carnet d'adresses Yahoo!

Message Le nom, la description et les adresses Web des éléments sélectionnés seront automatiquement inclus dans le message.
(optionnel) Utiliser l'espace ci-dessous si vous souhaitez également adresser un message personnel dans cet e-mail.

Afficher un exemple d'e-mail

Date Contrôler la durée pendant laquelle vos amis peuvent accéder à vos documents en choisissant un délai d'expiration.
d'expiration Cette opération annule les conditions de partage de cet album. Plus d'infos
○ Pas d'expiration
● Deux semaines
○ Un mois

[Envoyer] [Annuler]

◀ **10** Une nouvelle page apparaît, sur laquelle le dossier *Mexico* est déjà sélectionné. Choisissez maintenant les proches avec lesquels vous souhaitez partager vos photos en cliquant sur le bouton À. (Ce portail permet uniquement de partager des clichés avec des amis possédant des comptes de courrier électronique chez Yahoo). Ensuite, cliquez sur *Envoyer*.

165

▶ **11** Une fois que les personnes autorisées ont été validées, il leur faudra, pour visionner vos photos, se diriger vers *Porte-documents* dans le menu principal du portail où elles cliqueront sur *Partager vos photos*.

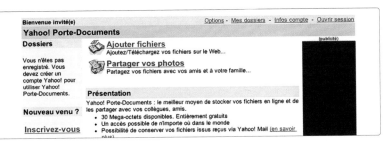

◀ **12** Une fenêtre apparaîtra dans laquelle il leur faudra entrer leurs compte et mot de passe, comme s'il s'agissait de leur propre compte de courrier électronique. Elles devront ensuite cliquer sur *Ouvrir session* pour accéder au porte-documents *Mexico*.

◄ **13** La liste des photos du porte-documents apparaît : il suffit simplement de cliquer sur le nom du cliché que l'on souhaite visionner.

▶ **14** La photo sélectionnée s'affiche.

COMMENT STOCKER LES PHOTOS NUMÉRIQUES ?

Une fois les photos classées et archivées, il convient de les enregistrer sur un support externe au disque dur de l'ordinateur.

Deux bonnes raisons à cela : ne pas saturer la mémoire de l'ordinateur et placer vos photos en sécurité en stockant les images sur un autre support.

Les images sont le type de fichiers qui occupent le plus de mémoire, même si les disques durs des ordinateurs sont de plus en plus importants. C'est pourquoi, à force de garder des images sur la même machine, il vous faudra à un moment ou un autre libérer de l'espace sur le disque dur et, par conséquent, supprimer des photos.

En ce qui concerne la sécurité, les ordinateurs sont toujours susceptibles de présenter des défaillances ou de souffrir de virus qui pourraient affecter vos photos et entraîner leur perte.

Pour éviter que cela ne se produise, il est donc souhaitable d'effectuer le plus tôt possible une copie des photos sur CD, DVD ou disque externe. Ainsi, si l'ordinateur devait être endommagé pour une raison ou une autre, elles ne seraient pas perdues pour autant.

Pour vous aider à choisir parmi les trois types de supports celui qui vous convient le mieux, voici leurs caractéristiques essentielles :

◄ CD *(Compact Disc)*

Ces disques sont très fiables en termes de durée de vie et d'utilisation. Leur capacité de stockage est généralement de 700 Mo et leur prix accessible. De plus, presque tous les ordinateurs proposent aujourd'hui des graveurs de CD dont la taille est assez réduite. Il existe un grand nombre de fabricants, mais leurs produits ne sont pas tous de qualité égale : pour vous assurer que le CD que vous achetez est de bonne facture, choisissez parmi ceux dont la marque produit également des appareils ou des accessoires de photographie numérique.

▶ DVD *(Digital Versatile Disk)*

Tout comme les CD, il s'agit de disques fiables. Cependant, leur grand avantage par rapport aux CD est l'énorme différence de mémoire qu'ils offrent : un CD ne peut stocker que jusqu'à 700 Mo alors qu'un DVD peut enregistrer jusqu'à 4,7 Go, c'est-à-dire 6,7 fois plus. Néanmoins, ils coûtent beaucoup plus cher qu'un CD, et surtout, leur principal inconvénient est qu'aujourd'hui tous les ordinateurs n'offrent pas encore la possibilité de les graver. Il est également recommandé de toujours acheter des DVD de marques liées aux produits de photographie numérique.

167

◄ Disque externe

Les disques externes se connectent à l'ordinateur et leur capacité de stockage est immense (certains doublent plusieurs fois la mémoire d'un ordinateur de bureau). L'inconvénient est que leur mémoire est amovible ou modifiable et qu'ils ne sont pas à l'abri de défaillances ou de virus puisque, lorsqu'on les connecte, ils entrent en contact direct avec l'ordinateur. De plus, leur prix reste très élevé. Ce type de support est recommandé comme passage intermédiaire entre l'ordinateur et le CD ou le DVD, lorsque la mémoire de l'ordinateur est limitée.

Pour une bonne utilisation des CD et des DVD

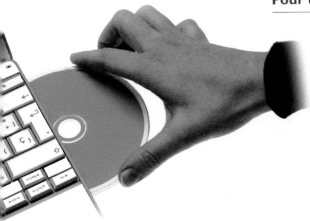

◄ I Gravez sur CD ou sur DVD les images récemment ajoutées à votre dossier. Selon le disque employé, CD ou DVD, la quantité de photographies pouvant être stockée sera plus ou moins importante. Pour ne pas gâcher d'espace sur les disques, avant d'effectuer la gravure, attendez d'avoir assez de photos pour remplir tout l'espace qu'ils proposent.

▶ **2** Une fois les images gravées sur le disque, marquez leurs numéros au feutre indélébile pour pouvoir les retrouver plus facilement.

◀ **3** Conservez le disque dans son boîtier avec la numérotation correspondante, que vous ferez apparaître sur la couverture et sur le dos…

▶ **4** … ou dans une pochette où se trouvent tous vos disques contenant vos archives photographiques.

◀ **5** Enfin, assurez-vous de toujours ranger vos disques à l'abri de la lumière directe du soleil et de la poussière.

THÈME **5** TYPES D'IMPRESSION

La dernière étape de ce voyage dans le monde de la photographie numérique est l'impression de votre cliché. Dans ce chapitre, vous découvrirez tout d'abord les différentes façons d'imprimer actuellement les photos numériques avec la meilleure qualité possible. Vous verrez ensuite le processus conduisant à l'impression, c'est-à-dire à l'optimisation de l'image selon le type d'impression choisi. Il convient, pour commencer, de s'attarder sur les différentes imprimantes existant aujourd'hui et les types d'impression qu'elles permettent. Les plus simples et les plus courantes sont les imprimantes à jet d'encre, qui sont sans doute les plus adaptées à l'utilisateur « moyen ». Il peut s'agir de simples imprimantes de bureau comme de matériel beaucoup plus complexe : il existe en effet une grande variété de modèles et de prestations au sein de cette gamme. Si l'encre reste chère, le prix de l'imprimante elle-même est souvent abordable et, lorsque l'image et le papier s'y prêtent, elle permet de réaliser des épreuves de bonne qualité. Son avantage réside aussi dans le fait qu'il est assez facile, comme il s'agit de la gamme la plus courante, de trouver différents types de papiers ou d'encres, qui sont extrêmement variés.

169

Il existe une gamme d'imprimantes à jet d'encre destinées à l'usage domestique, qui permettent des impressions jusqu'au format A3. Pour le format A4, certaines d'entre elles offrent même la possibilité d'utiliser des rouleaux de papier pour imprimer en continu ou sortir des images panoramiques. Le traceur est un autre type d'imprimante à jet d'encre, qui fonctionne exactement de la même manière que les imprimantes de bureau, mais qui comprend davantage de cartouches d'encre afin d'offrir une gamme de couleurs plus étendue – les imprimantes de bureau ne comptent généralement que trois couleurs en plus de l'encre noire. Le service d'impression par traceur est le plus souvent proposé par des laboratoires photographiques ou des centres d'impression professionnels pour les grands formats. Il s'agit de machines trop chères pour un usage strictement personnel et il est plus économique d'apporter un CD contenant la photo que l'on souhaite imprimer en grand format avec ce système dans un centre d'impression professionnel.

N'oubliez pas que toutes les photos n'offrent pas la résolution adaptée à l'impression en grand format. C'est pourquoi il est toujours utile de demander quelle est la résolution idéale pour imprimer une photo de taille importante.

Dans la gamme des imprimantes à usage domestique, on trouve également une grande variété d'imprimantes thermiques à sublimation.

Bien que leurs impressions soient d'excellente facture, leur grand inconvénient est qu'il n'est généralement possible d'imprimer que des petits formats de 10 × 15 cm. De plus, les cartouches et le papier sont très chers, ce qui accroît le prix final de chaque photographie et le porte au-delà de celui d'une impression de même taille avec une imprimante à jet d'encre. C'est dire si ce type d'imprimante se révèle finalement plus onéreux. Cependant, il possède aussi des avantages : la facilité de transport et de manipulation de l'image ; ainsi, ces imprimantes ont généralement un port pour la carte mémoire de l'appareil ou peuvent lire un CD à partir duquel elles chargeront l'information). Dans certains cas, c'est même l'appareil photo qui s'y connecte et qui commande directement l'impression.

Rappelons qu'il existe aussi des imprimantes thermiques à sublimation qui impriment à une taille supérieure à celles décrites précédemment, mais qui ne sont pas destinées à un usage privé. Dans ce cas, il s'agit d'imprimantes extrêmement coûteuses, conçues pour des laboratoires professionnels où le client peut les utiliser directement, en insérant sa carte mémoire ou son CD pour ainsi imprimer facilement ses photos selon divers formats possibles et sans aide extérieure en quelques minutes.

Enfin, un mot sur les imprimantes numériques à processus chimique. Ce sont des imprimantes industrielles qui n'existent que dans quelques laboratoires professionnels. Elles effectuent une impression numérique sur un papier avec une émulsion photosensible, développée ensuite selon le même processus que la photographie conventionnelle. Avec ces imprimantes, il est possible de réaliser des tirages de très grande taille et sur papier photo. Le prix de ces impressions ne cesse de baisser et il existe même des laboratoires qui reçoivent les photos ou les fichiers par Internet, les développent et envoient les tirages par courrier.

Au final, nous vous conseillons de vous munir d'une imprimante à jet d'encre, dont les impressions sont de bonne qualité ; un grand nombre de photographes professionnels en sont d'ailleurs équipés dans leurs studios et elles sont d'un prix accessible. Pour avoir une qualité supérieure, il est toujours possible de faire faire des tirages par un laboratoire proposant un autre système d'impression.
Il est fondamental d'utiliser les papiers adaptés à l'impression photographique. Ils sont nombreux et de différentes tailles, qualités et utilisations. Pour vous assurer que vous choisissez le bon papier, lisez bien sur l'emballage l'utilisation à laquelle il est destiné. Préférez toujours des papiers de la même marque que l'imprimante, qui offrent généralement de meilleurs résultats que les papiers de marques différentes, parce que mieux adaptés.

COMMENT IMPRIMER ?

Il existe deux façons d'imprimer avec une imprimante à jet d'encre.
La première et la plus simple consiste à utiliser le logiciel généralement vendu avec l'imprimante. L'inconvénient est que les modifications de brillance ou de contraste sont limitées. Tout est déjà préétabli et le processus est très simple et facilement compréhensible ; il suffit de suivre les étapes suivantes :

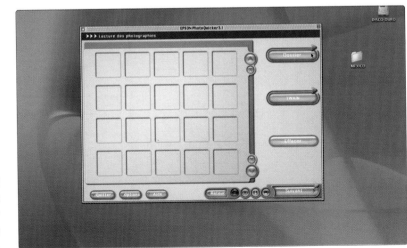

▶ I Ouvrez le logiciel d'impression livré avec l'imprimante. Cliquez sur le bouton *Dossier*, qui se trouve en haut à droite.

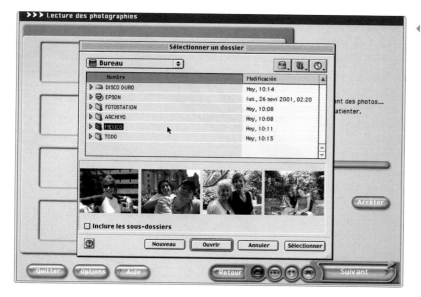

◀ **2** Une fenêtre apparaît :
sélectionnez-y le dossier dans
lequel se trouve la photographie
que vous souhaitez imprimer. Ici,
par exemple, elle se trouve
dans le dossier *Mexico*.

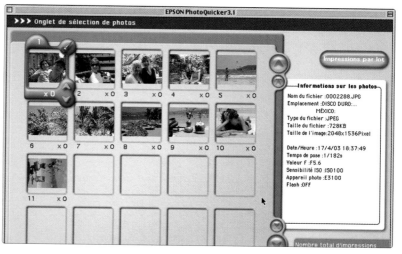

▶ **3** Le logiciel charge les
photographies de ce dossier.

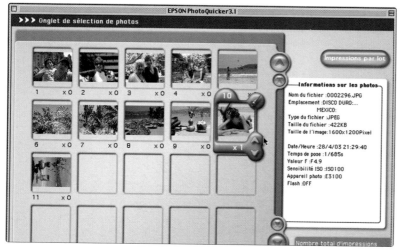

◀ **4** Cliquez sur la photo choisie pour
la sélectionner. Avec la petite barre
de défilement du cadre bleu de la photo
sélectionnée, déterminez le nombre
de tirages à effectuer. Dans notre cas,
nous ne souhaitons réaliser qu'une seule
copie. Cliquez sur le bouton *Suivant*
qui se trouve en bas à droite
de l'écran du logiciel.

172

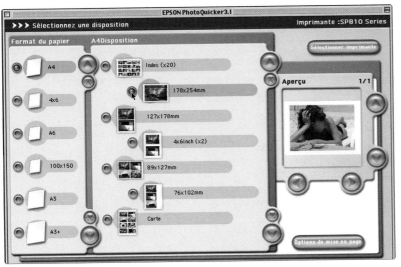

5 Une nouvelle fenêtre apparaît, dans laquelle il faut sélectionner la taille du papier et le format de la photographie – ici une feuille A4 et une photo dont le format correspond à celui de la feuille, avec une marge blanche. Il ne reste plus qu'à cliquer sur le bouton *Imprimer*, situé en bas à droite.

La deuxième façon d'imprimer est de lancer l'impression directement à partir du programme de retouche. Une fois la retouche effectuée, il faut ajuster certains paramètres, comme la taille, avant de lancer l'impression.
Pour imprimer à partir du programme de retouche, suivez les étapes suivantes :

1 Ouvrez la photo dans le programme de retouche.

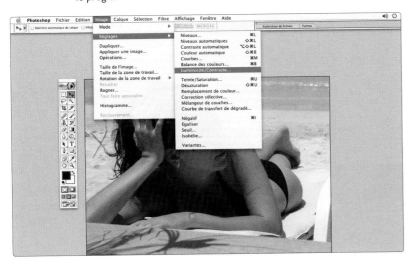

2 Si l'image l'exige, apportez plus de luminosité ou de contraste. Pour cela, reportez-vous au menu *Image*, option *Réglages-Luminosité/Contraste*.

173

3 L'écran de retouche apparaît : faites toutes les modifications que vous jugez utiles.

174

4 Pour attribuer la taille souhaitée pour l'impression, reportez-vous au menu *Image*, option *Taille de l'image*.

5 La fenêtre de commande apparaît. Choisissez la taille et la résolution souhaitée pour l'impression de l'image. La résolution dépendra de l'imprimante employée.

▶ **6** Enregistrez ensuite une copie du document, en prenant garde à ne pas remplacer l'image originale par celle retouchée. Reportez-vous pour cela au menu *Fichier*, option *Enregistrer sous*. Conservez toujours l'original pour pouvoir y apporter de nouvelles modifications plus tard.

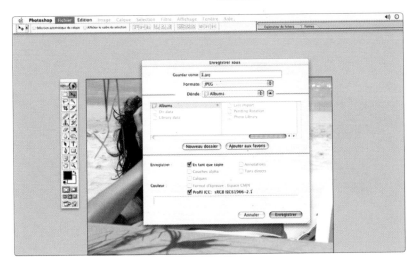

◀ **7** Sélectionnez le dossier où vous souhaitez enregistrer l'image.

175

▶ **8** Lancez l'impression en cliquant sur *Fichier*, option *Imprimer*.